EL DÍA QUE HUBO FUEGO

Jp Albert

EL DÍA QUE HUBO FUEGO

Las tres puertas

Nombre del libro: El día que hubo fuego. Las causas del tiempo inexistente.
Autor: JP Albert
Diseño de portada: : Ricardo Pérez/Comunicación Global Design.
Edición: Diana A. Pérez, Ofelia Ramos/Comunicación Global Design.
Coedición gráfica: Aziyadé Uriarte/Comunicación Global Design.

Primera edición: (marzo 2023)

Reg: 03-2023-060811065900-14
ISBN: 978-607-29-4719-1

www.comunicaciongd.com

www.autopublicatulibro.com

A la persona que me inspiró a escribir y a todos los amores que solo se viven de noche.

A mi abuela, que siempre ha visto mis logros con mucho amor.

AGRADECIMIENTOS

A mis padres, por haberme dado la oportunidad de existir en este planeta. A mi madre, por darme la seguridad de siempre poder.

A mis abuelos, por su apoyo incondicional.

A mis hermanos, Dulce y David, por amarme y apoyarme en todas mis aventuras.

A Karina, por escuchar atenta y leer el borrador de cada capítulo.

A mi tío Emiliano y mi tía Cecy, por ser el ejemplo que siempre he necesitado.

A Karen, por guiarme e introducirme en el mundo de la psicología.

A Roxana, por acompañarme en el proceso creativo de esta novela, por su paciencia y amistad.

A Jamaji, quien fue un gran amigo.

ÍNDICE

PREFACIO

Durante la pandemia de COVID-19 se experimentaron muchas pérdidas en todo sentido. *El día que hubo fuego* fue escrita con el fin de hacer conectar a todas las personas que perdieron un ser querido, una pareja o algún elemento básico para vivir, como vivienda, o la carencia de comida por la falta de empleo durante el confinamiento.

El tema principal fue el freno total de la vida, haciendo evidente el trabajo habitual de estar contigo mismo. El enfrentamiento no solo fue contra un virus a nivel mundial, el estar en una casa conviviendo las 24 horas del día nos llevó a una introspectiva que, muy probablemente, no hayamos tenido en toda la vida. Estar cara a cara con tu verdadero yo, en la interacción diaria, generó muchos tipos de problemas referentes a la depresión o la ansiedad. Por tal motivo, esta novela está escrita en segunda persona, para que haya una identificación auténtica con el lector.

CAPÍTULO 1
FUEGO

Todo lo que acontece, acontece.

-Jacobo Grinberg

Fuego

El tiempo lineal, como lo has conocido, ha acontecido de la misma manera en tu mente, por muchos años, por tu nivel perceptual de conciencia, en este, que es tu presente.

Te encuentras en el centro de tu pequeño departamento, un estruendoso sonido te eriza la piel, el foco de tu lámpara, que tienes en el buró derecho de tu cama, explotó. Tienes miedo. Sabes que no eres valiente, aunque el único acto de valor será salir de ahí por tu propio pie. Cae la primera hoja de yeso sobre tu clóset, inmediatamente, empieza a arder con tanta fuerza que el calor se siente hasta afuera de la habitación. Las tres puertas que tienes alrededor de ti están abiertas. Estás parado en el centro de ellas, inmóvil, sorprendido, aturdido. El fuego había comenzado en el enchufe donde está conectada la refrigeración. El chispazo fue tan potente que las llamas envolvieron el techo con gran velocidad. El humo comenzó a aparecer con un olor fétido, intentando decir: «huye».

Escuchas en tu imaginación cómo las puertas se azotan una a una, pones las manos sobre tus oídos, como impulso sorpresivo del acontecimiento. Te tumbas. Observas cómo el fuego consume la pared donde está la ventana. El pasado, el presente y el futuro dan vueltas alrededor de ti, se consumen. Es un hecho que el futuro arde, el plan no era este. Definitivamente, el plan no era este. Entre la impotencia y la desesperación, te enmudeces. Te paras de una y entras a enfrentar la situación. El pasado tenía que arder, seguro estabas. Pero no querías. Caminas hacia el mueble de la televisión, es el más próximo a ti. Quieres rescatar aquel Funko que te había regalado. Te quieres aferrar a eso. A quien habías tratado con desdén los últimos meses... quieres que se quede.

Evidentemente, el fuego estaba alcanzando todo lo que encontraba al paso. Ya no puedes recuperar ese pequeño muñeco que con tanta ilusión te habían obsequiado. Tu primer grito de coraje salió. Jamás habías sentido esa impotencia, como si arrancaran algo de ti en tus propias manos.

Oyes gritos que desde afuera dicen que salgas. Pero el fuego tiene un sonido peculiar que enmudece el exterior.

Te llenas de vergüenza por el acontecimiento, te sientes exhibido. No quieres salir porque piensas que esto es tu culpa.

—¡Carajo! Todo se está yendo a la mierda y tú solo piensas en el qué dirán. —Exclamas con tanto desprecio.

El fuego se extiende y cae la segunda hoja de yeso sobre tu cama, esquivas con gran hazaña. Sabes perfectamente que ese es el final. Sabes que, para ese punto, ya todo está perdido y tú sigues en el centro de todo tu pasado. Hay tanto ruido dentro que ya no te escuchas.

—Todo está perdido. —Repites—. Es hora de irme.

Bajas lentamente las escaleras, a tu alrededor hay gritos, vidrios de las ventanas quebrándose, las sirenas de los bomberos sonando, personas gritando.

Llegas a la puerta. Sales. Miras personas alrededor, preguntando sobre tu estado, no quieres reconocer a nadie. De pronto, todo se enmudeció.

—Mi título universitario. —Dices con la mirada ausente a un individuo que está al lado tuyo.

Tú perdiste. Al momento, todo está oscuro y en silencio. Quisieses haber podido entender el porqué de todo, tu visión tan inexacta te lleva retroceder para entender algo que probablemente no tuvo importancia.

CAPÍTULO 2

ANSIEDAD

Llévalos a un punto del que no puedan salir, y morirán antes de poder escapar.

-Sun Tzu

Ansiedad

Tú sabías que algo no iba bien. El primer pensamiento que tuviste por la mañana no había sido del todo grato y decidiste cambiar la rutina. Ya han pasado tres meses del confinamiento. Este nuevo virus había estado reproduciéndose muy rápido por el mundo. No había cura aún y la situación podía alargarse unos meses más. Nada era certero.

Algunos meses atrás, te habías mudado. Justo cuando cumplirías el mes viviendo en tu nuevo departamento, comenzó la agotadora situación pandémica.

Pasaba algo único en este lugar. Tú te posicionas en el centro de ese pasillo, el lugar tiene una entrada detrás de ti y delante hay tres puertas. La de tu lado derecho es el baño, donde cada vez que estás ahí, tu pensamiento te lleva al futuro y solo al futuro; cuando entras, el presente se vuelve nada y tu mente vuela, tus proyectos, tus deseos, cada plan que vienes estructurando, ahí sucede.

De tu lado izquierdo, encuentras una habitación amplia donde cabe tu cocina pequeña y un sillón, simulando una sala, los colores daban una sensación de tranquilidad. Tú escogiste cada mueble que se encontraba ahí, te había costado algunos años de trabajo para poder completar cada área de ese pequeño departamento.

Cuando te encuentras ahí, los pensamientos que emanan son los del presente, uno que transcurre lento, por la situación en la que te encuentras.

Enfrente de ti, tienes tu habitación con una cama muy cómoda, tu armario con mucha ropa, los colores que habías escogido te daban paz, aunque, al igual que en las demás habitaciones, el descanso se hacía menos por tus pensamientos sobre el pasado, uno que vienes cargando, que no te agobia, pero de vez en cuando desestabiliza tu entorno.

Eres una persona muy paciente y analítica. Tus pensamientos, siempre lo has dicho, valen más que cualquier acción arrebatada. Eres un joven atractivo de menos de treinta años que decidió vivir solo unos años atrás.

Esta mañana ha comenzado igual que la mayoría en estos meses, con gran apatía, tu pensamiento te transporta de inmediato al baño, quieres alimentar tu ansiedad, provocada por el inminente encierro, alargando tu ducha con agua fría.

Estás en frente del espejo, mirándote fijamente, estás un poco adormilado. Es muy temprano todavía, el trabajo lo comienzas casi a medio día y no te provoca ningún esfuerzo el home office, que se ha convertido en tu nueva modalidad de trabajo, al igual que de muchas personas.

Piensas que deberías cambiar de empleo, pero no es el momento. Encuentras un poco bajo el sueldo y necesitarás más dinero. Comprarás un automóvil nuevo y te mudarás de este lugar, todo es pasajero. El plan es sencillo, sin embargo, intentarás cambiarlo cuando la pandemia termine.

Decides iniciar el baño para comenzar tus deberes. Iniciarás tu nueva rutina, desayunarás, trabajarás, descansarás un momento, para después concluir con algunos ejercicios que seguirás de un video de YouTube.

El plan era sencillo. Pero algo no está bien, tú lo sientes. Desde que comenzó la pandemia y dejaste por completo tus actividades, te has enfrentado a algo que desde la adolescencia no tenías: el espacio para ti. En esta ocasión, y sin quererlo, estás aquí, peleando con tus pensamientos, evadiendo algunos y ocultando otros. Estás pensando en todo esto mientras tus ojos están cerrados y el agua corre.

Los abres de pronto y tu sensación de vacío llega de nuevo. Esta vez, y porque tú sabes que algo no está bien, te asustas.

Ansiedad

Pones tu cabeza sobre la pared antes de cerrar la llave del agua. Sales de ahí, tomas la toalla y comienzas a secarte. Escuchas cómo el cable de tu laptop cae, pero no te importa mucho.

Pensarás una y otra vez en la escena del último pleito que tuviste con tu padre, él no está contento con tu profesión, él prefería que fueras abogado o ingeniero, algo que fuera para hombres. Te lo repetía en cada llamada que te hacía.

Tu anterior relación no había salido tan bien. Algunas veces te encuentras por las tardes en la terraza, tomando el vino añejado que está sobre la alacena que aún no puedes terminar, pensando en si fue una buena decisión acabar la relación. Todavía sientes que tu economía no es la suficiente para tener una relación estable. Así que el deseo de encontrar un nuevo empleo te desgasta.

Pasa el tiempo y llega la hora de trabajar, te sientas en el comedor, prendes tu laptop y comienzas a hacer lo tuyo. Miras que la batería se está agotando y levantas el cargador que ya tenía unas horas en el suelo. Te hacen falta unos minutos para terminar el producto. Enchufas primero el conector a la laptop y después al de la casa, echa unas chispas, sueltas el cargador por miedo a electrocutarte. Das un grito por el susto. Vuelves a intentar y esta vez sí funciona.

Te sientas de nuevo para seguir trabajando, pero no quedas tranquilo, tu ansiedad es demasiada, echas tu mente a volar ante la incógnita de saber qué sucedió.

Piensas que lo mejor es comunicar al rentero lo sucedido para que dé una revisada a la instalación eléctrica. Te sientes intranquilo y pasa por tu mente el incendio total del departamento o del edificio. Luchas un poco contra este pensamiento fatalista hasta que vuelves en sí al escuchar que el cortinero de tu habitación se vino abajo sin razón.

Te quedas un momento quieto, te toma por sorpresa que objetos se caigan de la nada. Cierras tu laptop tras haber concluido con tu proyecto y continúas con tu rutina.

Recibes una llamada inesperada de tu madre, discutes con ella por comentarios absurdos que últimamente te ha dicho sobre tu situación. Al parecer, muestra su contrariedad ante tus decisiones, como vivir solo.

—Ya te he dicho que vuelvas a casa, no tienes nada que hacer tú solo en ese departamento. —Repite.

—Madre, todo está bien. Estoy tranquilo aquí.

—No me gusta para nada cómo tomas tus decisiones. —Hace el mismo reclamo.

—Está bien, consideraré regresar. Estoy ocupado aún. Después te llamo.

Terminas la llamada con un «te amo», pues sabes que al menos tú serás incondicional con tu madre. Justo al colgar la llamada, sientes esa incomodidad en el estómago.

Comienzas a hacer tus ejercicios diarios para dejar de pensar en esto.

Termina el día con rapidez. Vas directamente a la cama, no deseas ver el celular ni la televisión. Tu mente no para y tardas en conciliar el sueño.

Das mil vueltas a la cama pensando en un artículo que leíste sobre las partes de la noche. Entre ellas, descubriste dos que fueron de tu total interés y ahondaste más en el tema para poder incluirlas en tu vocabulario.

El conticinio es el fragmento donde todo está en silencio, dándole una hora aproximada, por la zona en donde vives, son más o menos entre tres y cuatro de la mañana. Es una muy buena hora en la que puedes hacer meditaciones porque no hay ruido que te distraiga. Es el cacho nocturno donde la persona con la que mantienes una relación, se va.

En algunas creencias, es una hora en la que no puedes hacer ningún tipo de ritual, por ser la contraparte del día.

Después entra la intempesta, cuando la noche ya está en su máximo esplendor.

Para algunas personas, son fracciones peligrosas, aunque el verdadero propósito de ponerles un nombre fue para rotar a los soldados en vigilia. Esto te recuerda a un cuento que te contaba tu abuela sobre un elefante:

> *En los tiempos en que las tropas invadían la tribu, quemaban sus chozas y los mataban, había un niño que escapaba por las noches para cuidar a un elefante que tenían amarrado cerca del río, para mover un pivote y recolectar agua. El elefante había trabajado por años dando vueltas a un mismo tronco. El niño cada noche iba, subía al lomo del pesado animal y cantaba en la lengua nativa de la tribu, era su encuentro ancestral, pasaba horas observando las estrellas del cielo infinito.*
>
> *Una noche, cuando escapaba de su choza, miró a lo lejos luces de antorchas que se dirigían al pequeño pueblo. Él no entendía mucho sobre lo que sucedía, así que apresuró el paso para llegar con su amigo.*
>
> *La tropa arrasó con todo a su paso, matando todo ser viviente que se atravesó en su camino. El niño y el elefante se encontraban cerca del río, el instinto del animal hizo que el niño no se moviera del lugar.*
>
> *Entrada la noche, cuando las chozas dejaron de arder, el pequeño muchacho regresó.*

Ya no querías pensar en estas dos personas. Pensabas que era mejor dormir, pero no podías. Recordaste aquella Semana Santa con tus abuelos maternos.

Comúnmente, era costumbre que tus padres te llevaran con ellos. Te gustaba porque siempre te cuidaban, consintiéndote merecidamente por tu buen trabajo académico. Sobresalías entre tantos niños que vivían en la misma situación que tú: con un padre alcohólico y una madre codependiente, que recibía mucha violencia por aquel hombre extremadamente inconsciente. A pesar de tu corta edad, entendías perfectamente qué sucedía en tu realidad y lo potenciabas siendo un excelente alumno, sin dejar de lado esa empatía y otros más valores que ibas aprendiendo por tus abuelos.

Esa mañana, mientras tus abuelos seguían dormidos, tú despertaste llorando después de haber soñado con el divorcio de tus padres. Tenías doce años y estabas a punto de entrar a la adolescencia, estabas descubriendo emociones que, tentativamente, se volvían, de pronto, muy intensas. El llanto silencioso se volvió agudo, era tan real aquella escena que te dolía pensar qué sucedía. Pero la relación entre tus padres había estado muy fracturada en los últimos años y por eso consideraste que ese sueño vivido había sido un deseo oscuro de tu mente.

Lo que no te diste cuenta es que habías sido dotado con un don extraordinario que nunca has entendido y que ese sueño fue producto del mismo. Escuchaste, en alguna etapa de la adolescencia, que los niños desarrollaban este tipo de dones y que, al crecer, si no los practicaban, se quedaban dormidos en su inconsciente.

Fuiste un niño sumamente introvertido que pensó que no era suficiente para los adultos, por eso ocultaste tus sueños y, por lo tanto, tu don nunca se desarrolló o al menos no de la manera correcta. Tienes una gran sensibilidad a sucesos que aún no puedes explicarte.

Esa semana fue muy significativa para ti porque experimentaste un primer encuentro con tu mente y esas proyecciones que, de pronto, te han venido dando vueltas en tu cabeza, sumadas a la ansiedad por estos días que habían transcurrido en el confinamiento. Convivir contigo mismo se estaba volviendo tan complicado.

La noche fue más corta de lo que esperabas. No te importa qué tan temprano es, de todos modos, sabes que no descansarás. Los primeros rayos del sol entran por la ventana, tapas tu rostro con molestia. El pasado pesa con cada sutil recuerdo. La habitación, por su posición cósmica, te alienta a solo pensar, recordar y desdeñar lo añejo del tiempo.

Dormiste un poco, los rayos de sol fueron tan molestos que despertaste. De nuevo, algo no anda bien, lo vuelves a sentir.

Decides tomar un baño y entras como cada mañana. Sientes la necesidad de llorar. Tomas un poco de crema para afeitar, tu barba está de un largo perfecto, sin embargo, solo delineas los contornos. Preparas lo necesario para llenar la tina. Miras todo listo para entrar y lo haces. Estás seguro de que es lo mejor para ti. Ese baño te relajará y dejarás de pensar en tantas cosas. Piensas que el estar en el confinamiento te está llevando a enfrentarte a esto.

Te atormenta de nuevo lo que has querido hacer desde hace tiempo, así que te sumerges dentro de la bañera hasta cubrir tu rostro por completo. Sueltas el aire de tus pulmones, provocas burbujas que salen desde tu nariz hasta el ras del agua. Piensas continuamente en tu existencia. «Tú serás un ser completo», repites en tu mente. Sientes cómo te falta el oxígeno y sales del agua. Tomas una bocanada rápida. Posas tu cabeza en el respaldo de la bañera, diseñado con anterioridad para colocarla ahí.

Suena tu celular unas cuantas veces. Lo dejas. Estás tan ensimismado en tus pensamientos, que será mejor contestar después. Te sumerges de nuevo en el agua y contienes la respiración de nuevo. Llega a ti la idea de tener que seguir con el *home office*. En la oficina han comunicado que durante el día solicitarán avances del proyecto.

El piso está lleno de agua después de salir de la bañera. El celular sigue sonando hasta que al fin contestas. La persona a la que tratas con desdén te llama, como cada tres días.

Te pregunta con la palabra clave que desde hace tiempo utilizan.

—¿Hoy?

—Claro, te espero por la tarde, casi oscureciendo. —Dices con indiferencia.

—Ahí nos vemos. —Dice con ligera emoción.

Percibes que tus ganas de verle no son las suficientes. Aunque este pensamiento arremete a que es buena compañía cuando está contigo.

Sales del baño para dirigirte a la cocina. Concibes unas tremendas ganas de desayunar. Aunque después de la llamada, el apetito ya no solo lo tienes por comer.

CAPÍTULO 3

PETULANTE

Trato de escribir en la oscuridad tu nombre, trato de escribir que te amo.

-Amado Nervo

Petulante

Llegas a tu habitación después de haber recogido la cocina, de haber lavado platos, limpiado la estufa y las alacenas. El día prometía ser tranquilo. Sientes un poco de desagrado por la visita que llegará en algunas horas, y no porque no crearan espacios agradables de buena compañía, sino por todo lo que da vueltas en tu cabeza.

Buscas entre algunos documentos que tienes debajo del mueble de la televisión. Te colocas en cuclillas por un buen rato, después de batir esos papeles, tu rodilla izquierda da un chasquido que, sorpresivamente, hace que en ipso facto caigas al piso. Sientes más comodidad y tiendes todo tu cuerpo para descansarlo. Alardeas con algunas carcajadas, puesto que recuerdas aquellos dichos que alguna vez escuchaste decir, donde el cuerpo pasa factura y la primera señal será la rodilla descompuesta por el desgaste o por la falta de uso.

Mientras estás ahí, recuerdas esa cajita de metal en donde te habían regalado galletas hace algunas navidades atrás. Permanecía al fondo del segundo cajón del mueble en el que te habías empeñado en encontrar ese documento. La tomas como uno de tus grandes tesoros. Sabes que lo que está dentro te trae recuerdos invaluables: boletos de cine, de algunos conciertos a los que has asistido, algunas notitas que has recibido y cartas que contienen gran carga emocional de tu adolescencia.

Había demasiado tiempo para observar esos pedazos de tiempo que te traen nostalgia y algo de felicidad. Te hace sentir plenitud tener estas memorias. No había nada que hayas querido hacer que no hayas hecho. Todo te había costado. Esto hacía relucir ese efecto recompensa que se percibe tras haberlo logrado, hasta el más mínimo capricho.

Entre aquellos pedazos de tiempo, encuentras algo que

quizá no pensabas y no recordabas que estuviera ahí: una fotografía de tu papá y tú, tomada cuando eras apenas un niño de cinco años. Ha pasado el tiempo muy pronto y, aunque haya recuerdos no tan agradables, este, en particular, te hace sentir que hay un recuerdo que vale la pena.

Escuchas el celular sonar. Alargas el brazo para alcanzarlo, te percatas de que te llegó un correo. Esperabas ese correo, hace varias noches atrás dijo que te lo enviaría.

En ocasiones, cuando están juntos por la madrugada, las charlas son interminables, sueles abrir tu caja de Pandora. Expresas historias que, de pronto, no son tan agradables.

Aquella noche habías contado una experiencia amorosa fallida y prometió hacer un poema de ello. Gracias a esto, consideraste que lo que estaba siendo un simple acostón se convertía en una cierta conexión de dos personas que les agradaba estar juntos, aunque no sabías cómo explicarlo, por no saber cómo hacerlo.

Aparte de saber escucharte a la perfección, usaba su hobby para inspirarse en ti. Lees el mensaje que escribió antes del poema: «Lo prometido es deuda».

Comienzas a leer, tirado en el piso, perdiendo el interés de todo lo demás que estabas haciendo.

Petulante

Lo difícil, tal vez, no fue caer,
porque mi pensamiento estaba seguro
al creer que tú estarías ahí para alcanzarme.

Fui queriendo cada día un poco más,
tal vez un beso apasionado
o simplemente un abrazo más
que yo sabía, felizmente, que cambiaba mi día.

No te esperaba, ni lo quería,
hacía meses que habían pasado
desde que un pensamiento de querer
inundara mi mundo.

Y de pronto, una sonrisa con petulantes dientes
cambió mi noche y mi mundo.
Para que de pronto cayera
en lo inevitables que fueron
aquellos susurros de una añoranza,
de un «quédate un poquito más», de una voz que erizaba mi piel.

Para que también cayera en esa sensación hermosa
del querer y del querer poder.

Poco a poco, sus manos me enseñaron el camino,
sus labios solo reafirmaban todas esas acciones
de expresiones de interés y cariño.

Mi deseo no era complacer un capricho mío,
sino puntualizar algo que, simplemente,
me hacía sentir bien conmigo mismo y con el mundo.
Ansiosamente, hubiera deseado más.

Pero a veces todo pasa, todo cambia tan pronto
que todo lo que aquel verano me dio,
hoy se lo lleva en un suspiro,
cargado de desilusión y coraje.
No alcanzo a comprender cuál fue el motivo por el
que todo por lo que me sentía estable
se haya ido como espuma,
como aquellas piedras que el mismo mar trae
y de pronto se lleva.

Aprendí demasiado,
soñé bastante,
me cansé lo suficiente,
que hoy solo necesito ese abrazo
que reconforta y trae paz
de esas mañanas placenteras
que solo él sabía crear.

Petulante

Y aunque tanto por lo que he sido y alcanzado
no haya servido,
me hace gritar con tanta rabia al cielo,
del coraje que me da
no poder haberle detenido.

No por capricho, no por codependencia,
sino por todo lo que fuimos y lo que pudimos llegar ser.
No puedo despedirme, porque no quiero.
No quiero irme porque estoy bien.
Porque simplemente ese abrazo por la mañana de nuevo,
desearía sentirlo.

Dónde estés, y por a quién tú sientas esto,
desearía ser yo por quién lo sientas.

Historias creadas en mi mente
por destellos petulantes de tu ser.
Que siendo tan cortos los motivos,
crearon un mundo donde perfectamente
todo fue perfecto.
Seguiré soñando que al caer sí estarás ahí
para sonreírme como aquella noche,
que pueden cambiar en un segundo el rumbo
algunos deseos de gente totalmente extraña.

No te explicas por qué entiende la situación y te entiende. En estos tiempos, la gente corre por la vida sin disfrutar de este tipo de arte. La literatura te ha ayudado a distraerte en este confinamiento, desde que le conociste, ha aumentado tu gusto por la poesía, por su talento, el cual te ha hecho admirarle y disfrutarle de una forma distinta.

Resonaron en ti dos versos:

«Pero a veces todo pasa, todo cambia tan pronto

que todo lo que aquel verano me dio,

hoy se lo lleva en un suspiro»

Te ha dejado una sensación de vacío, ¿cómo es que todo puede acabarse en un segundo, como la vida, la vida de tantas personas que han muerto en los últimos días? Cada día abres tus redes sociales y te encuentras con publicaciones en las que despiden a sus seres queridos. En particular, te aterra pensar en que alguien te falte, incluso cuando solo venga por las noches, no soportarías la idea de que le pase algo similar.

Tu corazón comienza a latir más fuerte de lo común, como si estuvieras a punto de desbordar un sentimiento que no quieres sentir. Al terminar el correo, dejó un mensaje que decía: «La primera parte de este poema lo hice pensando en ti. Nos vemos por la noche, toma agua».

—¡¿Tomar agua?! —preguntas al viento, confundido.

Tomar agua, en definitiva, no te traerá la tranquilidad que necesitas, ni sus palabras bonitas. No necesitas en este momento que una persona sienta algo por ti. Acomodas molesto los papeles, no encuentras lo que necesitabas, así que dejas la actividad. Te molesta en realidad que alguien quiera tener este tipo de detalles con tu persona.

Muerdes la almohada que alcanzaste, por la frustración de no contestar el correo y decirle que no es momento para esto, para ridiculeces amorosas, que es mejor que disfruten de la compañía mutua y sanseacabó.

Tomas tu celular y vas a la cocina, pasa que, en muchas ocasiones, haces actividades para adelantarte a algo que no sabes si pasará, en todos los casos, pasa lo que has imaginado. Desdoblamiento del tiempo, le llaman.

Para esto, tu madre llama y contestas.

—¿Qué pasa, madre?

—¿Cómo te has sentido?, ¿ya comiste? Ha habido muchos casos de covid en estos días, ¿estás bien?

—¿Qué pasa? —contestas.

—Nada, nada, todo bien, ¿ya comiste? —insiste.

—Estoy por hacer comida, gracias por preguntar.

—¡Qué bueno que ya comiste!

Notas que está angustiada, nunca ha sabido cómo abordarte para hablar de algo que le acongoja.

—Algo pasa, estoy seguro. Dime.

—Es tu papá, creemos que esta vez no se salva.

—¿Qué tiene ese señor? —preguntas sin preocupación.

—Al parecer tiene covid, tu hermano me tiene al tanto de lo que está pasando. Ha tenido fiebre muy alta y creo que tiene neumonía.

Es cierto que hace tiempo no lo ves, te ha marcado en determinadas ocasiones y te ha reclamado infinidad de cosas. Si se muere, te tiene sin cuidado.

—Ya te he dicho que todo lo que trate con referencia a mi padre no me interesa. —Dices con gran desprecio.

—Búscalo, habla con él. Es muy probable que sea la última vez que lo hagas.

—Madre, haré comida. Después le marco.

—Está bien, pero, por favor, búscalo.

—Después lo hago, te dejo, madre. Cuídate. No salgas. Adiós. —Cuelgas la llamada.

Cae la noche, le estás esperando desde hace unas horas, aunque sabes que llegará por eso de las nueve de la noche, ya lo estás haciendo. Te recuestas en el sillón para seguir en la espera, llega, manda mensaje y bajas para abrirle.

—¡Holaaa! —Te saluda con efusión.

—¿Cómo te ha ido?

—Muy bien. Ya tenía una semana sin verte, ven para acá. —Te abraza.

Suben las escaleras corriendo, cuando llegan a la puerta de la habitación, le tomas por la cintura y le levantas. En el acto, enrolla sus piernas en ti y te apoyas en la puerta para besarle. No te das cuenta de que está mal cerrada y se vienen abajo, casi hasta llegar al piso, en la hazaña, alcanzas a tomar la chapa de la puerta para detener la viada que llevaban. Las carcajadas de ustedes se escuchan hasta la esquina.

Entre risas y besos, van hacia tu cama. Había noches que el furor de los dos los hacía llegar pronto ahí para concluir con un acto sexual sublime y continuar desnudos, platicando por el resto de la noche.

En medio de jugueteos, abrazos y algunos besos excitantes, comienza la noche de forma distinta.

—¿Leíste el poema que te envié?

—Claro que sí, me gustó mucho. —Contestas con reconocimiento.

—¿Te lo puedo leer en este momento?

—Por supuesto, aunque deberíamos terminar con esto —levantas la cobija— y después continuamos con lo demás, ¿no crees?

Para este punto, los dos cuerpos ya estaban desnudos, rozando su piel de forma continua. Había algo diferente, notaste su sonrisa más grande y esa emoción que tuvo al verte, te costaba aceptarlo, incluso te molestaba.

—¿Y si te abrazo primero? —Evades con sutileza.

—Está bien, prende la televisión para ver una serie.

Pone la cabeza sobre tu pecho, observando la televisión mientras cambias de página de *streaming* sin saber qué poner. Escucha tus latidos y te dice que le abraces más fuerte.

Le concedes la petición y acaricias su frente, siempre te ha agradado hacerlo. Terminas dando un beso en ella. Han sido días en los que la ansiedad te ha consumido y momentos como este te hacen tener un respiro.

De pronto, su energía juvenil hace que quiera cambiar de posición para seguir mirando la televisión. Después de varios intentos fallidos, termina encima de ti, comenzando el acto que estabas buscando.

Cuando estás por terminar y llegar al éxtasis, tu subconsciente te detiene y te traiciona por completo. Te encuentras encima de su cuerpo, mirándole con atención, sujetas su mejilla para darle un beso, titubeas intentando decirle que le quieres, pero, justo al terminar la última sílaba, te das cuenta de lo que estás haciendo y enfureces contigo quitándote de encima.

—¿Qué pasa? —pregunta con preocupación

—Nada, te iba a decir algo, pero se me fue.

—¿Seguro?

—Sí, sí. Ven. Acomódate aquí.

—Yo sí te quiero, Leonardo. —Dice con ternura.

Al terminar con su oración, te quedas inmóvil e incómodo. Quieres terminar con el acto, pero ya es imposible, así que te acuestas de nuevo, en el acomodo, se mete debajo de las cobijas y va debajo de tu brazo, reaccionando con vergüenza. Luego de un par de minutos, entras a las cobijas y bajas hasta donde está, quedando frente a su rostro.

—¿Qué pasa? —preguntas dando un beso.

—Nada. —Dice sonriendo.

—¿Quieres que sigamos con lo que estábamos haciendo?

—Esperemos un momento, porfa.

Avienta la cobija y sube encima de ti para continuar besándote.

—Ya me acordé qué quería preguntarte. —Se detiene.

—¡Sabía que querías hacerlo!

—Sí quería hacerlo, pero se me pasó. —Se carcajea.

—¡Pregunta! No te detengas

Te agrada que las personas sean claras con lo que pretenden, que, con gran paradoja, en ocasiones, tú no das el mismo trato. Le haces cosquillas para que entre en confianza y pregunte pronto.

—Ya estamos por cumplir un año en que estamos en esta situación, no es poco el tiempo.

—Tienes razón, ya tenemos rato así. No me había dado cuenta.

—Estaría bien definir qué somos, ¿no crees?

No tenías respuesta para esto, ni siquiera una reacción porque no te sorprendía, desde que dijo que la primera parte del poema lo había escrito pensando en ti, sabías por dónde iba este asunto, sin embargo, no quieres enfrentar la pregunta. No quieres darle respuesta a algo que aún no la tiene. ¿Cómo es posible que una persona que vienes tratando con desdén algunos meses atrás siga queriendo estar aquí?

—¿Qué crees que somos? —preguntas con enfado.

—Quisiera saberlo. —Responde con seriedad.

—¿Qué te parece si miramos esta serie?

—¿Qué te parece si me contestas?

Te levantas de la cama, tratando de encontrar el bóxer que dejaste tirado. Cuando por fin lo encuentras, después de varios segundos en los que el ambiente se tornó tenso, te vas al baño para pensar en alguna respuesta.

CAPÍTULO 4
VITUPERIO

Quien sabe de dolor, todo lo sabe.
-Dante Alighieri

Vituperio

Es sabido que la educación emocional promedio en México es, precisamente, proporcional a la religión como base de regulación y la supresión del yo, reaccionando vivamente como espejo del producto de años de imposiciones, de culpas que condicionan la conducta del mexicano.

Te enseñaron a no decir lo que te molesta, porque era más importante mostrarte sereno que actuar por impulsos. Te enseñaron a no llorar porque eso era un acto exclusivo de mujeres, no te levantaste de la mesa hasta que te comieras todo y te educaron para «aguantar vara», a mostrar esa cara hipócrita de aparentar que todo está bien. Te llevaron a cumplir roles sumisos.

Llueven en tu cabeza recuerdos de frases como «Cuídalo, es tu hermano», «Aquí se hace lo que yo digo y se acabó», «Si no sabes, ¿para qué hablas?»... Infinidad de correctivos que te llevaron a guardar esa voz interna que te hace ser tú, que te hace auténtico y valioso. Te enseñaron a ser víctima de las circunstancias por un padre sumamente duro.

Esa mañana, recibes un mensaje de tu hermano mayor. Dice que no habrá funeral y que las cenizas las tendrán cada quien una noche, para despedirse, en particular, te parecía un hecho masoquista. Desde pequeño, los funerales no te sentaban bien, incluso, este sería tu primer encuentro con unas cenizas.

Consideras que es absurdo esto de tenerte cerca de un muerto que en vida no tuvo un lugar importante en tu vida. Revisas tu celular una y otra vez tras escuchar los mensajes que llegan; entre ellos, escritos de tus familiares para darte el pésame. No abres ninguno.

—Ridiculeces —repites.

Evadir algo que te sentaba bien. Hace tiempo que no te agradaba romantizar momentos así, puesto que no encontrabas en ello algo especial. Esperabas su mensaje. No sabías si se había enterado, después de aquel encontronazo, se alejó. Su mensaje es el que más esperas.

Estás acostado en los últimos escalones, casi para entrar al departamento. Cambias de posición en repetidas ocasiones, el celular sigue sonando mientras tratas de evadir el tema en tu cabeza.

Tu padre había muerto por covid por la madrugada del día domingo. Hasta el momento, lo único que sabes es que había sido cremado y que el proceso había sido lento por tantos casos de muertes que ha habido, duraron casi cinco días para entregar su cuerpo a la funeraria.

Tienes dudas sobre quién había estado a su lado en sus últimos momentos, quién lo cuidaba, si lo intubaron o si había sufrido. Pretendía ser un hombre obstinado, uno que no necesitaba de los demás. Por eso fue quedándose sin personas que lo apoyaran, sus padres habían muerto muchos años atrás y el divorcio con tu madre lo dejo así. Algo muy parecido a tu historia de vida, que, si bien tus padres estaban vivos pero ausentes, situación que te volvía mezquino, complicándote el poder conectar con alguien más. Sus obligaciones monetarias se reflejaban en una cuenta de banco cada mes después de su separación, acompañado de una serie de insultos y reclamos por ser una gran carga en su vida. Gracias a esto, concluiste tu profesión y hoy trabajas como editor en un periódico reconocido de la ciudad y das algunas clases por las tardes referentes a tu área: la Lingüística.

Suena de nuevo tu celular, esta vez es Felipe, la llamada que estabas esperando.

—Ya llegué hermano, sal. —Solloza.

—Ya bajo. —Contestas, pensando en lo ridículo que te parece la situación—. ¿Estás bien? —preguntas.

—Sí. Sal. Tengo prisa.

Bajas las escaleras, abres la reja y miras a tu hermano, bajando de su vehículo. Te enterneces al verlo y le das un fuerte abrazo, hay lágrimas en sus ojos.

Baja las cenizas de lo que alguna vez fue tu padre y te las entrega.

—¿Quieres pasar?

—Tengo prisa, Leo, mañana regreso. —Pasa sus manos sobre su rostro de manera tosca, limpiando sus lágrimas.

—Cuídate mucho. — Aprietas su mano.

La tarde cayó muy pronto, apenas había unos pocos rayos de sol, haciendo que la tonalidad de las nubes fuera entre morada y rosada, algo muy peculiar de esta ciudad. Mientras tienes visibilidad, prendes tres veladoras y las colocas en el pequeño altar que hiciste para las cenizas, situadas en la esquina de tu sala. Dos veladoras a los lados de la urna y la tercera, encima, junto con un portarretrato que contenía una fotografía de ustedes, tomada en tu niñez.

Dejas las luces apagadas, como símbolo de luto ante aquel acontecimiento, la última despedida.

Te sirves tu cereal favorito, viertes leche deslactosada y te sientas. La mesa queda delante del altar, la luz de las veladoras crea tu sombra, que se refleja delante de ti, revoloteando un poco.

Casi al terminar el último bocado, miras de reojo una

sombra más. No te sorprende ni un poco. Antes de dar el último sorbo a la leche, percibes el olor de un perfume que hace años no tenías presente. Inhalas lenta y profundamente, cerrando los ojos.

—Suponía que estarías aquí, aunque, siendo sincero, no es grata tu presencia. —Mencionas con los ojos aún cerrados y dejando la cuchara en el plato.

Escuchas una carcajada burlona.

—¡Vamos, de pérdida, saluda! ¿O ya se te olvidaron los modales? —Te pones de pie y te diriges hacia el lavatrastos—. ¿Acaso la cordialidad no es buena en estos casos? —contesta una voz gruesa, rasposa, casi como si le faltara el aire—. No esperaba menos de ti.

Mientras lo haces, la sombra avanza contigo. Abres el grifo y tomas un poco de jabón.

—¿Qué quieres? —preguntas desesperado.

—Morir.

Decides voltear. Ahí está, esa figura de un hombre, casi en los huesos. Recuerdas a una persona más alta, incluso con un tono muscular más robusto y un color de piel oscuro, lo que está enfrente de ti es casi un cadáver. Ya habías notado que tenía que apretar el hoyo que tiene en su cuello, seguro de que tras haber hecho una traqueotomía antes de morir le quedó. No te afliges.

—Pensé que ya te habías dado cuenta de que lo estabas. —Contestas, agachando el rostro.

—No quiero hacerte perder el tiempo. —Cambia de lugar repentinamente.

—Qué considerado eres.

Surge el cuestionamiento exacto de las creencias que alguna vez tuviste sobre estas pláticas rutinarias con las personas fallecidas. Esas donde piensas que la persona entendió el verdadero sentido de la vida, cambia su actitud y pide perdón.

Pero no. Aunque te sigues preguntando qué pasa justo cuando mueres, como si miran su vida pasar ante sus ojos, cada escenario donde cometieron errores y se dan cuenta, entienden su propósito en este plano o si sus seres queridos los esperan y los llevan al paraíso prometido o, tal vez, conocen por fin la verdad de este universo. Si esto es así, ¿por qué tu padre estaba aquí? ¿Por qué sigue siendo el mismo patán que siempre fue? ¿No entendió lo que debía entender?

—Eres igual de obstinado que yo. —Arremete en tono burlón.

—¡Basta! —sientes tu cabeza caliente—. Debí haber leído el instructivo antes de recibir tus cenizas.

—¿Cuáles son? ¿Estas? —Señala la caja, haciendo que una de las veladoras casi se apague—. Queda muy poco después de todo. —Dice a sí mismo—. Pero eso no es lo que importa, vine a decirte algo.

—Ahora somos amigos y nos tenemos mucha confianza. Eres muy gracioso. —Afirmas con sarcasmo.

—Necesito que confíes. —Asegura detrás de ti.

Te sientas en el sillón, pretendiendo estar interesado en lo que tiene que decir. Volteas a todas partes, menos hacia él. Lo tienes en frente de ti, así como sus cenizas.

—¿Por qué estás tan molesto, hijo? —Cambia de lugar una vez más.

—No estoy molesto. ¡Estoy encabronado! Pero está de más que te lo diga. Recibimos tantos abusos de ti, que ni de despedirme dan ganas. ¿Sabes cuánto gastamos Felipe y yo en esta caja, los permisos que se necesitaron y un servicio funerario que no se está utilizando? ¡¿En realidad no te das cuenta de que hasta muerto cuestas?!

Parece que tu reclamo no lo ha alterado. Camina con tranquilidad hacia la puerta corrediza, abre la cortina y observa tu terraza, entrevés que se asegura de que no haya nadie.

—¿Y por qué lo hiciste? —te pregunta.

Notas que su tono de voz cambia a uno con seriedad. Sientes que la temperatura baja de golpe y tu piel se eriza.

—Hace frío aquí, ¿no sientes?

—¿Sentir? —ríe.

Sientes de nuevo escalofríos y te das cuentas de que ya está parado por un lado de ti, casi detrás del sillón, mientras contemplan las llamas de las veladoras. De pronto, aprieta tu hombro y sientes dolor.

—¿Qué te sucede? —evocas, reaccionando al estímulo.

—¿Duele?

—Sí, suéltame. —Intentas zafarte, haciendo un ademán con el mismo hombro.

Con evidencia, sabes que no debería doler, él no existe, es un fantasma, ¿por qué te duele? Tus ojos, aunque ya grandes, se abren más. Viene a tu mente la razón de la molestia, ese recuerdo que se activó cuando sentiste su mano.

—¿Recuerdas? —pregunta, mientras sigues tratando zafarse de su mano.

Te suelta y camina para ponerse delante de ti en cuclillas. Toma tu oreja con tal saña que echas un grito de dolor. Ahí hay una cicatriz. Él sabe exactamente dónde está. Tú, solo estás inmóvil, enfurecido y aterrado. Lo miras a los ojos y observas que te ve con el mismo odio que sientes por él.

Logras levantarte, aventando los cojines cuadrados que tenías junto a ti. Caminas hacia el lavatrastos de nuevo para concluir la tarea.

—¿Recuerdas? ¿Recuerdas? —Repite, siguiéndote y casi gritando.

Agarras un vaso y lo avientas a la tina. Golpeas los costados del lavatrastos, acto seguido, salen lágrimas sin control, con un llanto silencioso, casi como sin poder, casi gritando. Era dolor, era tristeza, era rencor. Era todo lo que se podía, era lo que nunca había podido salir, lo que estaba ahí, guardado. Te deslizas poco a poco al suelo.

—Claro que recuerdas, pendejo. —Susurra a tu oído.

—Vete, por favor.

Toca la cicatriz de la mano izquierda, de pronto, sientes que te punza y te arde.

—¿Quién te las hizo? ¡Dime! —alza la voz, enfurecido.

Te levantas y vas hacia la terraza, antes de abrir la puerta, golpea la mesa con una botella de vidrio que estaba ahí.

—¡Contéstame, pendejo!

—Fuiste tú. —Contestas abatido.

—Dilo más fuerte.

—Fuiste tú. —Repites, limpiando tus lágrimas.

Vas de nuevo al sillón, por petición de tu padre. Respiras como si estuvieras hiperventilado. Te sientas, pretendes tranquilizarte.

—¿Qué quieres? —preguntas de nuevo.

—Morir.

Hay un silencio crudo por todo tu alrededor. Tu piel se eriza de nuevo.

—Quiero que te vayas, muere de una vez y para siempre. —Exclamas con sensatez

—¡Que no! —golpea la pared—, que me escuches, te digo. —Golpea cada vez más fuerte.

Escuchas gritos y golpes, se ha salido de control.

—Basta. —Repites, echándote al sillón, tapando tus oídos.

—Escúchame, marica.

—Vete, mejor. Por favor, vete. —Murmullas aterrado en voz baja.

Entre el ruido provocado por sus acciones, te disuelves en un recuerdo que ha sido removido desde lo más profundo de tu memoria. De esos pasajes que quedaron guardados por el dolor que te han causado. Los que, por ende, condicionan tu conducta ante un posible ataque de violencia.

Tienes por lo menos cinco años de vida, desde el pasillo, escuchaste dos bofetadas que, con tal dureza, alguien cae sobre la cama. Te duele la mano, está roja, hinchada, lloras con sentimiento de culpa, sabes que quien cayó en la cama fue tu mamá. Trató de defenderte. Tu padre había llegado unos minutos atrás, no había comida en la mesa, era algo que le enfurecía mucho. Los gritos de reclamo llegan hasta la calle. Para tratar de enmendar su error, tu madre se pone a hacer unas tortillas de harina.

Cuando cae la primera a la canasta tortillera, la tomas para comerla con un poco de mantequilla, de inmediato, tu papá te la arrebata y comienza a reprenderte con golpes intermitentes en la mano izquierda. Sus gritos desquiciados hacen que te aterres y quieras salir corriendo. Tu mano ya está roja, hinchada, ensangrentada, con los dedos marcados de aquellos manotazos.

Tu madre reacciona de inmediato y grita desesperada que te suelte. Tú miras a tu padre, viéndote con odio, un odio infundado, sin precedentes. No alcanzas a percatarte de sus ojos rojizos y hundidos, ni que su lengua salía una y otra vez de su boca.

Toma a tu madre del pelo y la lleva a su cuarto. Después de escuchar las dos bofetadas, gritas desde el pasillo que la suelte. Cuando sale, tu padre te toma por la oreja, encajando la uña del dedo meñique, gritando que eres un pendejo. Te tavienta sobre el sillón de la sala. Repites que se vaya, que por favor se vaya. Percibes que Felipe se acerca a ti para abrazarte y te desvaneces en la nada.

Abres los ojos y empuñas tu mano, estás muy asustado. Te sientes desprotegido. Lo tienes delante de ti, mirándote como si nada hubiera pasado. Como siempre, cada que pasaba algo similar, sin ninguna disculpa de por medio.

—Quisieras que esté muerto, ¿verdad? —Pregunta con una sonrisa burlona.

—Lo estás, lo que quiero ya no importa.

—Entonces, estás listo.

Le pides de nuevo que se vaya, pero no accede. Insiste en que lo escuches.

—Ven, acércate.

CAPÍTULO 5

EL INTERIOR

Gravedad cero o gravedad
15 años por 10 min.

-Anónimo

Revista científica DESCARTES, para que descartes.

¿Qué es la mente?

Muchos psicólogos descartan la idea de la mente como la capacidad emergente del sistema nervioso, llamado alma, sin embargo, otros plantean la explicación en función a procesos biofísicos. En sí, la mente es generada por la conciencia en sus propios procesos, haciendo que las teorías no se descarten, sino que estén basadas en el mismo principio.

Es decir, la mente puede decidir entre distintos panoramas del futuro, sabiendo qué mecanismo utilizar...

La lectura diaria te parece interesante. Estás acostado en el sillón. No te has movido de ahí. Has sentido tu cuerpo muy adolorido, como un efecto punzante en la espalda. Al parecer, tienes fiebre. No has querido trabajar. Te niegas a que el bicho haya entrado a tu cuerpo. Han pasado días desde que Felipe vino por la urna, no te has querido mover del lugar y te pasas observando la fotografía tuya y de tu padre, tratando de entender las últimas palabras que te dijo.

Por otra parte, la pelea que tuvieron aquella noche te dejó en descontento. Deseabas que te acompañara en esto. Volverá, seguro de eso estabas, siempre vuelve.

La temperatura de tu cuerpo comienza a subir. El aire te hace falta, alcanzas a respirar con un poco de brusquedad. Te levantas del sillón. Los focos de todo el departamento están apagados, quieres prender, aunque sea, uno solo.

Ves a tu alrededor nauseabundo, mareado, casi al punto

del desvanecimiento. Estás confundido. Escuchas el golpazo de las tres puertas del departamento. Avanzas hacia ellas como puedes para revisarlas. Para tu sorpresa, solo fue el sonido. Las puertas están abiertas. El aire de la refrigeración no es tan fuerte para mover una.

Comienzas a emitir un sudor frío y tus manos están repletas. No es posible que haga frío en pleno julio, si la temperatura del aire la habías modificado a 30 grados.

Sales de la sala para entrar al pasillo que da a las tres puertas. Tu cuerpo se va poniendo liviano, las luces del exterior, que se notan, se van haciendo pequeñas mientras todo comienza a girar.

Sientes que, desde el centro de tu cerebro, algo te jala hacia atrás. Tu respiración se agita al tope. Estás negado a salir, te aferras a tu cuerpo.

—Esto no es morir. —Gritas.

Cuando te das cuenta de que no es posible liberarse de esto que desconoces, que no es morir porque te sientes vivo, te sueltas. Sientes que eres dos por un lapso, hasta que dejas por completo tu cuerpo.

A tu alrededor no hay luz. Estás sentado, confundido. Una luz tenue se va haciendo presente. Te pones de pie e intentas dar un paso, a tu alrededor hay un campo de fuerza invisible que empiezas a tocar. Su forma, a cómo vas tocando, percibes que es una esfera.

—Creo que morí. —Dices, pero tu voz no sale con claridad—. ¡Estoy muerto! ¡Estoy muerto! ¡Estoy muerto! —gritas desesperado.

No hay respuesta, ni siquiera existe un eco. Tienes cierta confianza en que todo está bien y te vas relajando. Todo se va poniendo oscuro y pierdes el conocimiento de nuevo.

Abres los ojos por el sonido del golpeteo de puertas que se abren y se cierran. La luminosidad del lugar te parece complicada de explicar. Alrededor, todo es negro, pero sabes distinguir que estás ahí, entonces no sabes si la luz está dentro de la esfera o fuera.

Miras a tu alrededor para ver de dónde viene el sonido. A lo lejos se observan tres figuras que se acercan con gran velocidad. Al estar cerca, te das cuenta de que son tres puertas, las puertas de tu departamento. Chocan con la esfera que se encuentra a tu alrededor y se unen a ella como si estuvieran posicionadas de la misma manera, la que está enfrente de ti es la de la habitación, la izquierda es la de la cocina y la derecha es la del baño.

Sientes un poco de desesperación por entrar a alguna e intentas abrirlas, sin embargo, ninguna responde, todas las chapas tienen cerrojo.

Respiras profundamente, la función de una puerta es entrar o salir de un lugar, estas no serían la excepción, algo tiene que haber tras de ellas. Sigues manteniendo la calma para recordar eso que tu padre te había dicho. Tus recuerdos están confusos y cortados. Eso empezó a desesperarte más. Tu padre te había explicado esto, pero no encuentras esa información. Repasas en tus pensamientos.

—*Una puerta se abre, cuando dos están cerradas.*

Recuerdas.

—¿Qué demonios significa esto? —Dices—. Recuerda Leo

—Es tu decisión que abra o cierre, mira, la conciencia de las partículas es muy sabia y actúan según el observador. ¿Alguna vez has leído sobre el experimento de la doble rendija? Thomas Young comprobó que el comportamiento de las moléculas podía ser cambiado de ondas a forma lineal. No seas tú el espectador, no seas tú la conciencia.

El mensaje era muy claro, pero no tenía sentido. Tus materias menos favoritas eran las que estaban relacionadas con la ciencia. Las materias que hablaran sobre el lenguaje eran las que siempre te interesaron. En este caso, podrías analizar el mensaje por su parte textual más que por su contenido científico.

Haces la imagen en tu cabeza de la escritura de cada palabra que te dijo. *Es tu decisión que abra o cierre, mira, la conciencia de las partículas es muy sabia y actúan según el observador...*

—Si es mi decisión que abra o cierre, ¿cómo es que no puedo abrirlas?, veamos, *la conciencia de estas es muy sabia y actúa según el observador.* ¿Entonces solo observaré que se abran? ¿O cómo?

Sigues escribiendo en tu cerebro. *Moléculas podían ser cambiadas de ondas a forma lineal. No seas tú el espectador, no seas tú la conciencia.* En ocasiones, cuando te encuentras bajo presión, suceden dos cosas: o te frustras y terminas no haciéndolas o eso te da el impulso para hacerlas. Como el artículo que leías sobre cómo te haces consciente de tus procesos cerebrales.

Miras de nuevo la última oración y descubres que en la oración yuxtapuesta hay dos «no» al principio de la oración. Lo que, para la lógica, una doble negación es afirmación. O sea que, si dos «no» es un «sí», que no sea yo la conciencia ni el espectador hace que se abra, entonces soy yo quien debería ser la conciencia y el observador.

Te quedas inmóvil, pensando cuál puerta es la que quieres que se abra. Después de un momento, decides que quieres abrir la que lleva a tu sala, puesto que de ahí saliste antes de llegar aquí.

Retrocedes unos pasos, los más que puedes para alcanzar a observar las tres puertas. *Una puerta se abre, cuando dos están cerradas.* Contemplas las dos puertas cerradas y la que quieres abrir, la de tu izquierda. *Mira, la conciencia de las partículas es muy sabia y actúan según el observador.* Si solo las observas, puedes hacer que cambien. Esperas varios segundos. Te acercas a la de la izquierda, tomas la manija que intentas darle vuelta. Pero no abre. Te desesperas e intentas abrir la que lleva a tu cuarto, pero también está cerrada. Entonces recuerdas. *Una puerta se abre, cuando dos están cerradas.* Te tienes que percatar de que las otras dos estén cerradas antes de abrir la que quieres.

Vuelves atrás, observas fijamente a cada una y te acercas a la de tu derecha, te percatas de que está cerrada, así que te acercas a la de tu habitación.

—Si estás dos están cerradas, seguro esta sí abrirá.

Tomas la chapa de la tercera puerta, la giras. Abres la puerta y entras.

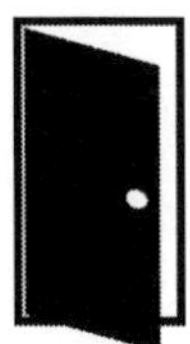

Estoy en la cocina, comienzo a buscar mi celular para verificar que sea el mismo día y el mes en el cual había entrado a ese lugar. Me quedo de pie, pensando en que no he muerto. Corro al cuarto y me lanzo a mi cama para alcanzar el móvil, al parecer lo conecté y lo dejé en el buró. Verifico la hora, el día y el mes. Soy afortunado porque todo coincide. Ya casi es la una de la tarde y necesito avanzar con el trabajo acumulado de ayer.

Me recorro con las piernas para volver a bajar de la cama, la destiendo un poco, pero enseguida la acomodo. Vuelvo a la cocina para continuar revisando una noticia que tenía pendiente.

Me preparo un café muy cargado y me siento. Ya con la laptop acomodada, me propongo leer de nuevo la redacción de la noticia. Abro el archivo, me falta escribir el lead y agregar las referencias, mandar al periódico para que se difunda el día de mañana. Eran menos de 30 minutos para concluir.

El hecho era muy triste, un joven de 15 años se había suicidado en un parque cerca de este fraccionamiento. Me siento conmovido, ya que sé lo que es tener muchos momentos de vulnerabilidad a esa edad y que nadie esté ahí para escucharte. Quizás es porque a esa edad no sabemos comunicarnos, es verdad que se desea que alguien te pregunte cómo estás, qué pasa, que te escuchen sin que te juzguen; por la idealización que los padres tienen de sus hijos, no dejan que su identidad se construya.

Agarras el celular y, a los segundos, de nuevo comienza a timbrar.

—Vecino, buenas tardes.

—Dígame, don Joel.

—Solo para preguntarte, mijo, si la luz no se bajó por allá en tu casa.

—Señor Joel, con pena, pero no tengo nada prendido para poder decirle, mi laptop no está conectada y no tengo luces prendidas.

—¡Ah, mira! Hubo un fuerte bajón de energía, pero aquí no sabemos si fue en toda la cuadra o solo en nuestra casa, ¿no tienes la refrigeración prendida?

Por la adrenalina que sentí al volver del lugar oscuro no me había percatado del calor.

—Estaba a punto de prenderla. —Contesto con nerviosismo.

—Yo creo que sí fue en toda la cuadra, mijo, ya miré a la vecina de enfrente que anda afuera preguntando lo mismo.

—Está bien, lo reportaré a las oficinas del servicio de luz eléctrica.

—Gracias, mijo, cuídese.

Casi al terminar la llamada, escucho cómo la caja de recuerdos cae al piso, no la había metido en el cajón desde aquella vez. Escucho el sonido de la puerta que se cierra con tal brutalidad que me levanto con prontitud y voy a revisar.

Estoy en el centro de mi pequeño departamento, las puertas siguen abiertas y me llevo la misma impresión que todas las veces que he oído que las cierran y no pasa. Un estruendoso sonido eriza mi piel, pues miro cómo la lámpara que tengo en el buró de mi cama explota, haciendo que el fuego, con rapidez, envuelva las cortinas y llegue al techo.

La primera hoja de yeso cae sobre mi clóset y la ropa empieza a arder. Siento que la temperatura elevada del fuego llega hasta el lugar en el que estoy. La ventana colapsa de inmediato y el humo negro comienza a salir. Me siento pasmado, veo inmóvil cómo sucede aquel acontecimiento. Estoy aturdido.

Me tumbo al piso. Siento que un gran grito de auxilio quiere salir, pero algo me detiene. Quiero salvar algo de mi pasado, quiero aferrarme a él. Pongo mis manos sobre mis oídos, oigo que las puertas se azotan una y otra vez sin que estuviera pasando.

Me levanto y me decido a actuar. Quiero salvar el Funko que me regaló hace meses con tanta ilusión, quiero conservarlo. Entro en la habitación. Sé que no soy valiente, aunque el único acto de valor será salir de acá por mi propio pie.

Cuando casi estoy por llegar, las llamas alcanzan esa parte de la habitación y ya no puedo salvar el pequeño muñeco. Y así como sentí que algo me ahogaba al no poder gritar, siento la gran potencia de hacerlo. Jamás había sentido esta gran impotencia de ver cómo no puedo hacer algo para salvar lo que tanto me ha costado tener, mi esfuerzo puesto en años para poder comprar esto que se quema de par en par.

Grito con todas mis fuerzas, todo se está yendo al carajo y yo no puedo hacer nada. Siento que ver cómo la realidad se vuelve cenizas ante mis ojos me desgarra, encuentro el momento perfecto, también, para desahogarme por la pérdida de mi padre.

Escucho gritos de fuera que dicen que salga, pero el fuego tiene un sonido peculiar que enmudece el exterior. El humo me hace dudar de la salida, ahora no hay mucha visibilidad. Siento mucha vergüenza y no quiero salir. Cae una hoja de yeso sobre la cama, esquivo con gran hazaña y salgo.

Sé que para este punto ya todo está perdido. En automático, mis oídos dejan de escuchar, aunque hay mucho ruido afuera, como la sirena de los bomberos, gritos de los vecinos que dicen que salga, vidrios quebrándose para que las mangueras puedan entrar.

Bajo las escaleras con lentitud, abrazando el portarretrato de la foto con mi papá que alcancé a rescatar antes de bajar. Siento que he perdido mi mundo completo. Cuando llego abajo, hay personas preguntando cómo estoy, a ninguna le respondo. De pronto, todo se enmudece. He perdido.

—Mi título universitario... —Digo a un hombre que está junto a mí.

Ahora solo hay oscuridad.

Capítulo 6

Mi olor favorito es el tuyo

No cabía duda de que era bueno que este mundo exterior existiese, aunque solo le sirviera de lugar de refugio.

-Patrick Süskind

Despiertas en el lugar oscuro. Encima de ti oyes el tic toc, tic tac y el tintineo de algo que no tiene forma. Al voltear hacia arriba, la luz que viene de quién sabe dónde hace que se ilumine y puedas ver qué sucede. Desde alguna parte, por debajo de tus pies, vienen llaves de muchas formas que pasan de forma ordenada por el contorno de la esfera cristalina que te rodea, llegan a miles de chapas que se encuentran encima, al momento de entrar en ellas, emiten el molesto sonido.

De forma inexplicable, en su forma mecánica de actuar, cada cierto tiempo, una serie de ellas entran al mismo tiempo, emitiendo un rayo de color blanco que pasa justo por el centro del campo de fuerza. En la parte central de todos los cerrojos existe una chapa que sobresale de las demás, por el aspecto viejo que tiene. Muy pocas llaves la atraviesan.

Te quedas pensativo por varios minutos, sentado en el centro de las tres puertas. No lo entiendes. El saber que esto es posible por ser imposible. Presenciaste la quema de tu departamento y no tienes idea de cómo sucedió ni por qué. Si la respuesta está en volver a entrar por alguna de las puertas, lo harías.

Te pones de pie, tomas la chapa de la puerta de tu izquierda y luego la de la derecha para asegurarte de que estén cerradas. Abres la puerta del centro y entras.

Al entrar, le miro sobre la cama. Sé qué momento es y también sé cómo hacerlo distinto. Pero cuando camino hacia la cama, me percato de que no puedo decir lo que quiero.

Me siento en la cama para ponerme la camiseta que estaba tirada en el piso. Siento sus brazos que entran por detrás para rodear mi pecho. Escucho que inhala para oler mi camiseta, después pasa a mi cuello para seguir haciéndolo, lo termina con un beso en mi nuca.

Ser mi propio espectador hace que me frustre. Desearía corresponderle, mis manos no responden.

—Espero entiendas el sentido de mi pregunta. Para nada quiero incomodarte.

—No lo haces, descuida.

—Pienso que podemos dar el siguiente paso.

—¿Es necesario? Mira, sabemos qué está pasando aquí...

Error, no sabíamos en qué situación estábamos, no había una etiqueta y me sentía bien con eso.

—Entiendo.

—No creo que haga falta esta plática.

—¿Pero por qué? Creo que es necesaria.

—Porque no. Preferiría que viéramos una serie o que me dejes solo.

Mi cabeza comienza a subir de temperatura por estar molesto y no poder decir lo que en verdad siento. Es increíble cómo actuamos sin ser conscientes de lo que en verdad sentimos y somos.

—¿Es por mi edad? —me pregunta.

—Sí. Me conflictúa tener que hablar de esto, tú sabes lo que pasa aquí y tienes la oportunidad de dejarlo así o continuar.

La situación nos pone tensos e incómodos. Ahora veo que dejé de lado lo que sentía por mí. No le di el valor. Miro cómo su cara se desbarata.

No creo que haya la manera de cambiar esto. Le doy un beso en la mejilla y salgo de la habitación.

Al cruzar la puerta, llegas al lugar oscuro. Te sientes un completo imbécil y entiendes que hay cosas que no puedes solucionar. Pones tu cabeza sobre la puerta y pateas un par de veces. Las decisiones siempre tendrán un precio, y muchas veces no es barato.

Cierras la puerta para continuar tu viaje. En este lugar no hay tiempo ni gravedad. Haces el mismo procedimiento para salir. Entras por la puerta del baño.

Capítulo 7

D E L E T É R E O

Todo lo que aquel verano me dio, hoy se lo lleva en un suspiro...

-Jp Albert

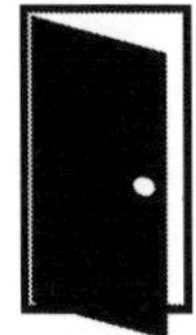

Salgo de inmediato para buscar mi celular, no había entrado por la puerta del baño y estoy seguro de que aquí no hay pasado, ni presente. Tengo la ligera sospecha de que esto no lo he vivido.

El departamento sigue teniendo ese olor fétido que proviene de cables achicharrados, de plásticos deshechos y ropa quemada. Mi cuarto se encuentra vacío, los escombros ya habían sido recogidos. En mi memoria no hay recuerdos de lo que ha pasado. Al parecer, los bomberos acabaron con el fuego pronto y mi habitación fue la más dañada. Las demás paredes quedaron negras por el humo que salía por la puerta.

Con gran fortuna, la sala quedó sin gran daño, miro con claridad que ese espacio lo había convertido en un pequeño estudio donde la cama, la sala y la cocina están juntas. Sobre la mesa, la laptop suena, haciéndome saber que varios correos llegaron.

Me siento. Desesperado, reviso la fecha para saber cuánto tiempo ha pasado, un año, con exactitud: hoy es 19 de julio de 2021. Cuando abro la página para revisar el correo, encuentro en la bandeja de entrada un mensaje enviado por la persona que me enviaba poemas. Quedo viendo la pantalla, haciendo memoria de lo sucedido, después de la pelea no sé si nos volvimos a ver.

Abro con cierto miedo el mensaje.

Leo:

Los dos sabemos que no entenderás pronto el trasfondo de mis palabras: te dejo.

Sigues pensando que puedo seguir aquí sin recibir lo que por tanto tiempo te he dado. Encuentro un poco de paz al irme. Es una decisión precisa donde yo, más que tú, importo.

Te dejo. Aunque no lo entiendas, aunque duela, aunque cueste. Te dejo. Parte de mí se queda aquí, en esta cama, en esta ventana donde siempre me hacías sentir bien conmigo. Sé que me amas, pero no sabes cómo hacerlo.

Escribo estas líneas mientras te bañas. Estoy riendo porque cantas en el baño. Creo que estás feliz. Sigo sin ropa. ¡Por Dios! Sabes cómo hacer para llegar al éxtasis. Mientras lo haces, me quedo aquí, impregnándome de todo por última vez, del olor que se percibe, de los colores en las paredes, de las luces del alumbrado público que entran por la ventana, de la luz tenue que emana la lámpara de buró que tienes a la derecha de tu cama, de la ropa tirada en el piso, de tus retratos puestos en el mueble de la televisión, de tu ropa muy bien acomodada en el clóset. Quiero conservar en mi memoria el lugar donde tienes el Funko que te regalé después de haber ido a mi último viaje a Disney. ¡Vaya que lo conservas en buen estado! ¿Sabes qué es lo que más quiero recordar? Tu rostro diciéndome «te quiero». Lo dijiste dos o tres veces hace un momento. Estúpidamente te creo.

No entenderás qué pasó. Has estado tan ensimismado que te has olvidado de lo nuestro. Motivo por el que me voy. Me iré sin reclamos, sin derecho a réplica. Eso será necesario.

Por favor, ya no me busques, aunque te ame.

Termino de leer. Cierro la laptop y aviento la silla al piso. Alcanzo a recordar que tenemos tiempo sin vernos. Al parecer, terminó nuestra relación y yo no me di cuenta. No encuentro qué hacer, así que entro al baño para lavarme el rostro. Estoy frente al espejo, tratando de respirar con mucha paciencia. Desde que desperté, odié al mundo. Percibo que hay muchas situaciones que vengo cargando desde hace tiempo. Es más fácil culpar al mundo entero, por eso el incesante sentimiento de ver lo transgredido que está el mundo.

Tomo un poco de pasta dental en mi cepillo, levanto el rostro y me veo. Me asombro por lo que está ahí. Sé que todo se ha ido al carajo, que ya no volverá, lo dijo con tal firmeza que le creo, sé cómo es. La sensación de extrañeza se vuelve coraje y golpeo el lavamanos.

—No volverá... ¡No volverá! —repito en voz alta.

Siento que los ojos me explotarán, la cabeza la siento pesada, sin embargo, me resisto a llorar.

Te dejo. Aunque no lo entiendas, aunque duela, aunque cueste.

Descubro que la vida es el espacio vivido para sentir todas esas emociones que nos parecen desagradables pero necesarias. Pese a esto, me niego.

Salgo del baño y entro al lugar oscuro de nuevo.

Cierras la puerta por dentro. El tintineo especial y extraño se hace más constante. Las llaves comienzan a entrar de una forma desorbitante, emitiendo un rayo de color distinto. Esa combinación era diferente.

Estás en el punto de quiebre total y gritas tan fuerte que

la dimensión oscura tiembla, haciendo un eco total. Las llaves dejan de subir y los cerrojos caen. Sientes mucho enojo y te sueltas a llorar. Perderle ha sido el colapso total de todo este mundo y del tuyo.

Encuentras el entero poder de querer terminar con todo esto. Tus gritos y las chapas han roto el campo de fuerza que te mantenía ahí. Las puertas abren y cierran sin control, abriendo diferentes imágenes en ellas. Desde abajo, ves cómo el mundo oscuro comienza a caer. En tu desesperación, quieres arreglar este desastre y entras a la primera puerta que encuentras para salvar el Funko que te regaló.

CAPÍTULO 8

EL DÍA QUE HUBO FUEGO

El fuego destruye y renueva, como acto natural.

-Anónimo

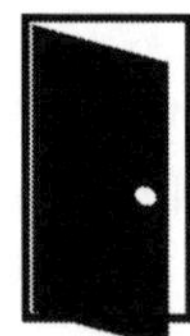

No puedo ser visto por mí, así que, cuando entro, me aseguro de que no esté cerca. Estoy en la cocina, respirando con mucha agitación, tratando de buscar algo que me ayude a dejar un indicio del incendio. Abro la laptop y busco algo que me ayude, sé que el poema que me había mandado me podría ayudar, pero no recuerdo qué día me lo había enviado.

Escucho que estoy a punto de salir del baño y cierro la laptop, no me lo ha mandado todavía. Cuando volteo para salir corriendo de ahí, cae el cargador al piso. Entro de nuevo al lugar oscuro.

El lugar sigue cayendo a pedazos. Las puertas abren y cierran con frecuencia. Una de las chapas cae encima de la puerta que da a la sala y se fractura. Al momento que sucede, tropiezas y entras a tu habitación.

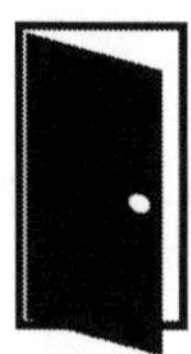

Casi caigo, si bien no me doy cuenta de que entro porque, cuando enchufé la laptop, el interruptor echó chispas y grité del susto. Sin duda, lo que está pasando en el mundo oscuro está pasando en todo alrededor. Voy hacia el buró para sacar algo del cajón, para llevarlo de ahí y conservarlo, cuando me siento en la cama para abrirlo, el cajón se rehúsa, no puedo hacer cambios y eso me enfurece. Tomo la cortina y la jaló con coraje, cae el cortinero. No encuentro explicación a nada. Intento salir de ahí, pero el portal no se abre.

Un intento más fue suficiente para salir.

Te detienes al llegar. Hay un desajuste en las puertas, cierran repentinamente sin poder darte salida. Tu desesperación aumenta y comienzas a golpearlas. Gritas su nombre, quieres que regrese, quieres que esté contigo.

Una puerta se abre, cuando dos están cerradas. Recuerdas y tomas acción como la primera vez. Deseas abrir la puerta de tu habitación. Quieres ir a tu pasado para arreglar aquello que te hizo estar aquí. La puerta del baño y de tu habitación no pueden abrirse. Logras entrar por la sala.

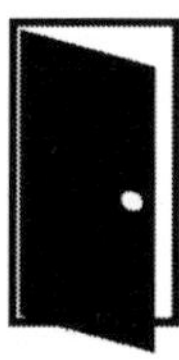

Es de noche y el departamento está oscuro, escucho que mi padre platica conmigo y retrocedo. Quedo por un lado de las puertas. Quiero correr y preguntar a mi padre qué sucede, estoy desesperado, quiero que esto termine y que termine pronto, pero sé que no hay camino que se tenga que transitar sin pisar todo el sendero. No estoy tranquilo y comienzo a llorar, tratando de no ser escuchado. Me quedo oyendo nuestra plática para recordar las instrucciones de mi padre.

—...Ven, acércate, estás listo.

—¿Listo para qué? —contesto.

—Los muertos no se pueden ver.

—Pero yo te veo. —Respondo.

Ahora veo qué tanto nos ciega la actitud que tenemos ante la situación. La comunicación se vuelve efectiva si hay dos personas que fungen como locutores y receptores a la vez. En mi caso, me siento como un tonto por no haber escuchado cada palabra de él.

—¿Te has preguntado por qué me ves?

—Desde pequeño me pasan cosas extrañas que son normales.

Me asombré cuando estaba haciendo estos cuestionamientos. Alcanzo a ver que te lleva a la puerta corrediza de la terraza, abriéndola para poder continuar con lo que ocurrió aquella noche.

—No eres tan distinto de las personas normales. Todos tienen el potencial que tienes, sin embargo, no lo desarrollan porque está dormida una parte ellos. Algo que está dentro. Hace falta un acontecimiento impactante para que lo potencialicen, es algo que ya está ahí. En tu caso, fue el dolor. Me puedes ver porque hay algo dentro de ti que lo permite.

—¿Por qué nunca me hablaste de esto? ¿Por qué nunca estuviste?

—Porque, de cierta manera, así tenía que suceder. Mírate y dime quién eres ahora. ¿Me necesitaste?

—Siempre lo hice.

En cada momento de mi poca existencia necesité del viejo

terco que tuve enfrente de mí. Sabía que era el momento de decir todo lo que era necesario porque supe, desde que olí su perfume, que venía a despedirse.

—Estoy molesto con todo esto. —Digo con seriedad.

—Y lo acepto. Acepto tu desprecio. Tanto enojo que has generado, ¿hace que cambie algo? Ni siquiera cuando estuve vivo pudimos entablar una conversación así.

—Entonces, ¿qué hago?

—Aceptar.

—¿Aceptar qué, que nunca te importó que te necesitamos por mucho tiempo? Tengo derecho a verte con odio, por eso y por toda la violencia que vivimos contigo.

—Sí. Así fue. Te darás cuenta de que hay cosas que no podemos cambiar, de cualquier modo, otras las podemos mejorar. Yo siempre fui el mismo, y lo sigo siendo. Las personas mueren sin entender. Aun así, hay verdades que son dichas.

Debo agradecer a mi padre por anticiparme, tal vez el sentido opuesto de lo que me dijo es que puedo verlo antes de morir.

—No tengo mucho tiempo, hijo. Agoto mi energía al estar aquí. Es muy probable que mañana o en los siguientes días te enfermes, es increíble la energía que se necesita para poder estar aquí.

—Dilo entonces. No pierdas más el tiempo con disculpas que no tienen sentido.

—Una puerta se abre, cuando dos están cerradas. Es tu decisión que abra o cierre, mira, la conciencia de las partículas es muy sabia y actúan según el observador ¿Alguna vez has leído sobre el experimento de la doble rendija? Thomas Young comprobó que el comportamiento de las moléculas podía ser cambiado de ondas a forma lineal. No seas tú el espectador, no seas tú la conciencia.

Atónito ante sus palabras, quedo impresionado, al igual que mi yo de ese momento. Hay información que toma sentido cuando tiene que tenerlo.

—¿Debo entenderlo ahora?

—No es necesario, hijo, pero lo entenderás y estarás vivo para hacerlo. Solo organiza

Sigo sin entender eso de organizar, mi padre solo lo dijo una vez y no dio más explicación.

—Lo que fue ya no es, aunque fue. Es tu referente para el hoy. Piensa en que lo que pasa hoy, quizá no sea lo mismo de antes y eso hay que acomodarlo. Aquí. En tu cabeza primero. Si bien dicen que el futuro es incierto, te puedo decir, ahora que ya he estado ahí, que podrás moldearlo mejor haciéndote cargo en el presente, porque este es el único que puedes manejar.

»No trates de borrar lo que algún día pasó conmigo. Es mejor aceptar que pasó, porque ya no está pasando. Después, transfórmalo. Yo nunca fui el mejor padre. Ahora acepto que suponía que era la paternidad y que lo que hacía con ustedes era lo mejor. En mi saber ser padre, la protección de los hijos es la función principal. En este caso, creo que no tiene sentido que me excuse, no tengo nada que perder, preferí protegerlos de mí. Sé lo que soy, estar conmigo no era lo mejor, hubiera sido peor que experimentaran otro tipo de experiencias desfavorecedoras a que solo vivieran mi ausencia.

»Eres de mí, como yo soy de ti. Acéptalo y transfórmalo. Tú sabrás qué hacer con ello. Quiero morir porque estoy cansado de mí. Y los amo con toda la insignificancia que tenga en ti. Siempre lo hice.»

Ese día vi que se desvanecía a la nada. Era la última vez que lo vería. Así que, después de años, sin ninguna careta de protección, me despedí de él. Sujetando aquella fotografía de cuando era pequeño.

—Nos pertenecemos, ni para bien, ni para mal. Gracias por ese amor.

Me miro llorar sentado en la puerta corrediza. Mi padre intentó abrazarme esa noche, pero no se lo permití. Quise llorarle al saber que ese era día para soltarle por completo. Entiendo que debí abrazarlo para que supiera que ya estábamos en paz.

Entro queriendo abrazar a mi papá y que me explique nuevamente qué pasa. En cuanto me mira, me toma por el brazo y salimos para introducirnos al lugar oscuro.

—No puedes dejar que te vea. Hay leyes que aún no entiendes porque no has muerto, mijo.

—¿Pero qué sucede, por qué puedes estar aquí, padre?

—Porque eres una anomalía. Al parecer tu conexión viene de otra parte que no sé explicar.

Abre una puerta escondida enfrente de la puerta de tu habitación. Dos pares de puertas hay a tu alrededor. El lugar oscuro sigue cayendo pedazo a pedazo, tú sigues sin entender en qué lugar de este universo eres la anomalía.

Cuando la puerta está abierta, miras una escalera que no tiene definición estable, en momentos se posicionan hacia arriba y en otros hacia abajo.

Tu padre entra primero y comienza a avanzar. Cuando entras, tienes la sensación de que estás subiendo. Al llegar a varios metros, observas que hay más esferas en este plano. Todas tienen puertas y personas, algunas están activas por completo. En su mayoría no están al cien por ciento en funcionamiento. Todas hacen conexión a través de luz que las interconecta.

—¿Qué es este lugar, padre? No es mi lugar oscuro, pero hay millones de esferas.

—Aquí es donde se da la sincronía de almas. Todas las esferas son cabinas mórficas que funcionan con conciencia y poco más. En tu caso, un gen que proviene de la familia de tu madre hace que tu cerebro tenga una transmisión más específica y, por lo tanto, la hace diferente, por eso puedes verme y seguro que a muchas personas que han muerto también.

—¿Y debo tener miedo?

—No, solo tienes que aprender más sobre esto. No trates de cambiar nada, así te será más fácil.

—¿Puedo salvar... —agachas el rostro— lo que por imbécil casi destruyo?

—¿Miras esa luz? —señala indicando la que está conectada a tu cabina.

—Sí, la veo, ¿por qué sucede? No hay muchas que se conecten de una manera fija.

—Escucha, hay conexiones efímeras, cortas, resistentes y hay otras que no suceden mucho, que son permanentes.

—¿Debo suponer de quién es?

—Sí. Es raro que suceda aquí. El amor es una unidad inmedible que sujeta a personas más allá de su conciencia que, aunque no estén juntos, siempre se pertenecerán. Así como yo, que soy parte de tu historia. Ve hacia abajo.

Te inclinas para mirar con más exactitud, tres luces están conectadas a ti por debajo.

—Esas son por ustedes, ¿verdad? Mi mamá, mi hermano y tú.

—Exacto.

—¿Por qué ahora no me gritas o ridiculizas?

—Porque ahora somos adultos. —Sonríe—. Es hora de irme. Por favor, no te olvides de mí, nunca.

Recorre los últimos escalones y se deja ir a la nada, desvaneciéndose, haciéndose uno con el universo o con el introverso.

Bajas las escaleras para intentar salvar el departamento y la relación que ya habías perdido. Las escaleras, junto con su entrada, desaparecen. El lugar oscuro está casi destruido, las puertas están por caer a pedazos. Te aseguras de que todas estén cerradas para realizar las instrucciones y entras por la de tu habitación.

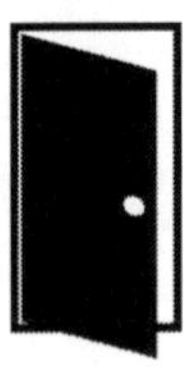

Estoy decidido a terminar con esto de una vez. Me apresuro para desconectar la lámpara del buró, puesto que ahí es donde comienza el incendio. Me aseguro de que todo esté en su lugar antes de llegar a la cama.

El tiempo se vuelve lento y se desdobla un yo del futuro.

—¿Qué haces aquí? —pregunto.

—No puedes alterar la realidad, no puedes hacer esto.

—Si estoy aquí es porque puedo. No me lo vas a impedir.

Comenzamos a forcejear hasta que los 25 milisegundos del yo cuántico terminan. En el último momento del transcurso de la pelea, me avienta hacia el mueble de la televisión. Para sostenerme, coloco la mano de forma errónea sobre la caja de galletas de recuerdos y cae.

No puedo evitar que la lámpara explote y mi yo del pasado se sorprenda al ver el acontecimiento. Para esto, ya estoy debajo de la cama y no alcanza a percatarse de que estoy escondido.

Cuando el humo se hace presente y ya no hay tanta visibilidad, me levanto de debajo de la cama mientras mi yo del pasado sale. El lugar explota con tanta fuerza que me arroja al mundo oscuro, la misma hace que la puerta caiga en pedazos junto con la de la cocina.

Estás suspendido en lo que fue el mundo oscuro. Todo a tu alrededor es blanco. No hay nada más que tú, flotando, y una de las puertas abajo. Casi no puedes abrir los ojos, el humo hace que casi te intoxiques.

Respiras despacio para reponerte. Las llaves comienzan a salir de algún lugar, haciendo su función continua. Arriba, la chapa extraña recibe las llaves, haciendo que una luz diferente aparezca sobre la puerta.

Bajas como si estuvieras en el espacio, porque aquí no hay

gravedad. Te pones frente a la puerta que da al baño. Te dispones a ir a buscarle. Si ya está perdido todo, tienes la oportunidad de pedirle perdón.

Atraviesas la puerta.

CAPÍTULO 9
TULIPANES

Hay tantas formas de amar
como momentos en el tiempo.
-Jane Austen

Tulipanes

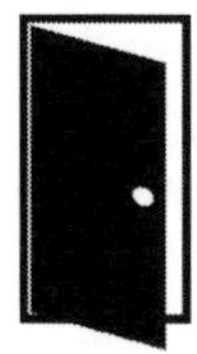

Tomo la llave de mi carro, era el día y, por supuesto, el momento. Sabía a la perfección qué era lo que quería hacer y la intención exacta. Venía desdeñando este eficaz plan desde hace unas semanas.

Tenemos algún tiempo sin vernos, casi se cumplirá el año. He estado tan inmerso en cuestiones de planeación de la reconstrucción del departamento, en el duelo inminente por la pérdida de mi padre y, claro, recuperando esa estabilidad emocional que perdí cuando me enteré de que ya no volvería. A todo esto que últimamente ha pasado, a esta etapa en la que ha habido mucha pérdida en mi vida, le llamo «el quiebre».

Evidentemente, no había podido atender la situación de un adiós forzado, donde el comunicado llegó a su tiempo y me hizo enterarme de una manera abrupta que se había ido, que se esfumó, que aquella persona a la que yo había tratado con desdén tiempo atrás me dejaría sin derecho a réplica. En definitiva, no había podido atenderle como se debía.

Los tulipanes eran sus flores preferidas, alguna vez dijo que iban muy bien con su persona; el tulipán es una flor muy elegante y sencilla, con un olor pelicular, con hojas firmes, con una textura tersa. Así es justo como se describió en determinadas ocasiones, añadiendo esas inferencias que mis ojos observaron durante ese tiempo que estuvimos juntos, es la manera perfecta de describirle. Su soltura en restaurantes caros, la sencillez de su vestir que le admiraba, sin contar que su piel era muy tersa, lo notaba cuando miraba su frente, cuando le acariciaba. No puedo omitir su olor, el mismo que su cuerpo emana. Hay olores corporales, que por más que intentes, te desagradan, por ende, la conexión no es emblemática y la atracción sexual es mínima. Situación que entre nosotros no pasaba.

El plan de mis disculpas era exacto. Un tulipán era el mejor armamento para el acto. Esperaría en la banca del parque que está delante de su casa, con flor en mano y las palabras que expresarían mi sentir, mi aprendizaje y, sobre todo, reafirmar el amor que, por fin, acepto sentir. Es la mejor manera en la que mi alma puede pedir una tregua a todo lo acontecido, la expresión desbordada de lo que mi ser puede dar.

Enciendo mi carro. Mis manos tiemblan un poco por lo que acontecerá, sin embargo, no llevo ninguna expectativa. Sé perfectamente que el amor no soluciona el hambre, y sé también que sus intentos le llevaron a sentir insatisfacción, ahora soy consciente de lo que mi ego, como autodefensa, causó. Causé.

Y todo por no saber cuál era mi prioridad.

Manejo por la calle novena hacia la garita. Las distancias en esta ciudad no son tan largas, su casa me queda a no más de 6 minutos sin tráfico. Antes, llego al lugar donde venden flores, me coloco el cubrebocas para salir. Esa nueva florería que queda de paso al sitio del cometido. Entro. Al momento, el aroma del lugar me deja absorto. Mi pensamiento, al instante, reafirma que el aroma del perdón es muy delicioso.

No soy de las personas que quisiese no ser auténtico. Me costó aceptar que soy muy analítico y, en mi pensar, las decisiones que tomo son realmente investigadas, indagadas y sustentadas. Esto, por más simple que pareciera, no sería una decisión tomada de manera impulsiva. Así que, ahora que me encuentro aquí, eligiendo la flor perfecta para un momento significativo, sé qué elegir.

Afortunadamente, el lugar donde me encuentro tiene lo que necesito. Hay tulipanes de bastantes colores. En el estante me encuentro con un color muy exótico, en realidad no son de color negro, su tonalidad es de un púrpura muy oscuro. Simbolizan sufrimiento y duelo. Es curioso que nuestra mente visualiza cosas que sentimos y pensamos. Tal vez por eso mi mirada fue directo a este en particular. Al lado me encuentro con un color que no es natural entre los tulipanes: azul. Es un color que denota honor, lealtad y fidelidad.

Pero no, no es el que busco. Encuentro el color que simboliza a la flor: el amarillo. Pudiera ser que su significado ayude, por evocar un amor desesperado, un rechazo. A la vez, su significado es de alegría, según el contexto en el que lo utilices. Un color muy agradable a la vista es el tulipán rosado, cuyo simbolismo efectúa en el amor incondicional y la honestidad. Todos podrían ayudar a que el plan se cumpliera de la mejor manera. Pero hacía falta esa sensación de satisfacción.

Paso mi mirada por todos los colores, recordando el significado de cada uno. Paro mi vista en el que hace la conectividad perfecta de lo que quiero trasmitir. El que yo necesito es el naranja. En la época victoriana, eran utilizados para simbolizar una promesa de amor, también representan esos obstáculos vencidos en las relaciones amorosas. Era justo lo que quería, que se emitiera que aquí estoy, dispuesto a todo.

Esa parte cósmica del universo me hizo encontrar esa pequeña flor que encarnaría mi perdón, ese que he necesitado desde que aquel correo llegó a mí y del que, evidentemente, no me había hecho cargo. Mi mente me desatina y hace que me cuestione el saber si estoy faltando al respeto que tendría por buscarle...

—¡No, Leo!, no es momento de dudas. —Me replico en voz muy baja.

—Perdón, ¿puedo ayudarle? —pregunta la florista al pensar que me dirigía a ella.

—Llevaré este, ¿cuál es el precio? —Respondí al momento.

—Son 55 pesos.

Le doy el dinero y salgo de la tienda. Subo de nuevo a mi carro, decidido a culminar con el plan exacto, sintiéndome valiente y ansioso. ¿Acaso era un acto heroico o, en definitiva, perdería de nuevo mi dignidad? Siguen surgiendo dudas.

Avanzo el vehículo, conduzco los últimos dos minutos para llegar a mi destino, doy vuelta a la rotonda que está justo en frente de la privada donde vive. Me estaciono a unos metros de la caseta de entrada. Las recientes tecnologías trajeron consigo estas nuevas modalidades de seguridad en las privadas de la ciudad, donde, por medio de una aplicación, el residente recibe la notificación de los asistentes antes de llegar a su domicilio, justo cuando pasan por la caseta, considerando también el código generado por la misma aplicación que te pide el guardia a la entrada.

Deseaba que no se enterara de que me dirigía hacia su casa. Tengo un poco de incertidumbre por saber si me dejarán entrar, ya que, por la pandemia, no permitían el acceso a algunos lugares, como ya estamos en la recta final, me motivé más a venir. Me estacioné donde en múltiples ocasiones llegué a recogerle para ir a mi departamento.

De pronto, volteo al asiento que está a mi lado, el lugar, el aroma de la ciudad, la situación trae consigo un recuerdo muy grato de esta experiencia llamada amor. Cada vez que subía al carro, exclamaba un «hola» con voz fuerte y alargando la «o» para hacer énfasis, sabía que lo hacía para expresar su emoción por verme, seguido de romper el hielo que, en ocasiones, dificultaba la comunicación. Yo me hacía parte de su control y me dejaba disfrutar de su presencia, de su compañía. Continuaba con el beso en la mejilla, muy cerca de mis labios. Tomaba mi mano derecha, alargaba mi brazo para terminar poniendo mi mano en su pierna en señal de que era suyo.

Amaba de una forma sublime su inteligencia. Sin embargo, estuve envuelto en duelos insospechados, prejuicios y expectativas que me hacían crear esa barrera entre nosotros. Su edad importaba tanto en mi sugestión por el merecimiento que yo sentía que necesitaba, pero caía en la idealización por encima de lo que era. Esto era una encrucijada someramente ridícula, lo que yo quería y lo que es. Me siento un completo traidor a la raíz de este sentimiento, de esta forma de amarle.

Posiciono mi cabeza en el volante, considero que lo hago por la profunda decepción que tengo de la situación. Siempre podemos decidir cómo reaccionar ante cualquier situación. En mi caso, solo quise no resolver nada y mi comportamiento, en consecuencia, causó esto. ¡El actuar sin conciencia no me exime de la responsabilidad! Espero que no sea tarde para solucionarlo.

Tomo mi cubrebocas, lo pongo en mi rostro y salgo del vehículo. Me aseguro de cerrarlo bien y camino hacia la caseta. Abro la puerta y entro con mucha seguridad.

—¡Buenas tardes! Casi noches. —Grita el guardia, haciendo notar su cortesía.

—Buenas, buenas. —Respondo con la misma intención.

—Que le vaya bien, joven. —Termina nuestra conversación con un ademán de despedida.

Quedo sorprendido al ver que no hubo ninguna restricción. Esperaba encontrar a los guardias que siempre me dejan entrar por la amistad que había creado con ellos. En múltiples ocasiones estuve ahí, detrás de esa pluma, diciendo los datos de a dónde me dirigía y bromeando con los individuos. Pienso que, tal vez, el guardia, en su gesto de amabilidad, quiso ser cómplice del acto al ver la flor en mi mano. Camino unos cuantos metros, despreocupado, mientras analizo lo sucedido. Caigo en cuenta de que la convivencia con una pareja crea estas rutinas y esta cohesión en donde te vuelves parte del ambiente del otro. Aunque esa etiqueta no nos caracterizaba, ya estábamos muy involucrados en nuestras vidas.

Atravieso la primera calle, frente a mí está el parque, al cruzar estará su casa en la esquina. Vienen más recuerdos a mi mente. Me pongo un poco tenso, no nos hemos visto en casi un año. El solo pensar que le veré de nuevo me llena de nerviosismo. Al ir acercándome, miro el balcón de la habitación de sus padres a lo lejos.

En alguna ocasión estuvimos ahí por unos cuantos minutos. Algunas veces, por las noches, me pedía que llegara a visitarle por la madrugada mientras sus padres no estaban, era un acuerdo simbólico de nuestra relación nocturna y, aunque no estaba tan de acuerdo por algunas cuestiones lógicas de mi edad, amaba sentir esa adrenalina de creer que ocultaba algo que era mío, que era de los dos.

No entendía cuál era la razón de estos acuerdos establecidos que se fueron aceptando, en consecuencia de la convivencia en esta relación sin etiqueta. Esa noche se volvió significativa por haberme dado un recorrido por las habitaciones del segundo piso de su casa. Evidentemente, no había nadie, por lo tanto, era muy fácil movilizarnos con tranquilidad.

Al momento de entrar a la recámara de sus padres, me tomó de la mano para llevarme con rapidez al balcón. Ya estando ahí, nos mantuvimos recargados en el barandal que quedaba justo a la vista del parque. Mientras el silencio hablaba, apretó mi mano muy fuerte. En ese momento no pasó por mi mente qué pasaba por la suya. Ahora comprendo, con tristeza, esa manera desorbitada con la que se aferraba a mí. Me lo gritaba en cada momento. Siempre supo amarme a su manera, con lo que tenía y podía. Lo que más me duele es saber que se aferraba a mí porque quería, sabiendo que no había necesidad.

No hubo tantas palabras en esta visita. Solo me llevó de aquí para allá. Cuando llegamos a su habitación nos quitamos los tenis y nos recostamos en la cama. Después de varios intentos fallidos por acomodarnos cómodamente, me desnudó y se desnudó de una. Esa satisfacción de sentir piel con piel, acariciarnos con las yemas de los dedos y escuchar el sonido del silencio en la oscuridad era parte de nuestra intimidad y de nuestra conexión. No necesitábamos más. Me hacía vivir el presente, sin consecuente alguno.

De pronto, escuchamos el ruido de la puerta eléctrica de la entrada abriéndose, sus padres llegaron antes de lo esperado. Ya no tenía opción de salir corriendo, las únicas alternativas que estaba considerando eran muy riesgosas y, con obviedad, se darían cuenta, de cualquier forma, de que me encontraba ahí.

Encontró la viabilidad de meterme al clóset y, con tal prontitud, alcancé a vestirme para enseguida introducirme en él. Estuve molesto dentro del armario, no hallaba la necesidad de involucrarme en estas situaciones, sin embargo, aceptaba la corresponsabilidad del instante por no cuestionar. Aunque, evidentemente, no había otra opción, el arriesgarme por diversión me disponía a una sensación de estar vivo. Así que era mejor dejarme llevar.

Permanecía en la oscuridad, en la pequeña rendija de puerta y puerta, le miré sobre la cama con su sábana echada a medio cuerpo. Reconozco que fuimos muy audaces al vestirnos y acomodarnos para el acontecimiento. Mi estómago protestó ante el montón de emociones emitidas. La contradicción de mi lucha, de verle ahí, de querer amarle como merece y de ser víctima de esta coyuntura. La puerta de la habitación se abrió muy despacio, su madre se asomó y dio una ojeada, se aseguró de que se encontrara en su cama. Cerró la puerta y fue a su habitación.

Corrí la puerta para salir con mucho cuidado, siendo silencioso. Volví a recostarme un momento más. Mi expresión era otra. Me notaba más rígido, quería salir corriendo de ahí, el hecho de esperar me aterraba. No era su culpa mi sentir. El rechazo se hizo presente de un momento a otro. Cuando todo estuvo en calma, tomé mis tenis y le pedí que me llevara afuera. Intentó darme un beso de despedida al cual no correspondí. Me fui de largo. Caminé hacia mi carro, lo había dejado delante de la banca del parque, subí y arranqué sin voltear atrás.

Llego a la banca para concluir con la última parte del intento. La realidad lleva consigo la construcción de una idea, que a su vez crea una emoción y una conducta. Intento, a más no poder, hacer que la emoción no sobrepase y actúe de la mejor manera.

Aprieto el tulipán. Me encuentro ahí. Tengo un nudo que oprime mi pecho. Trato de contener las lágrimas. Quiero verle y saber que me perdonará. Quiero acontecer de nuevo y no tener dudas. Quiero aceptar su amor. Quiero que lo sepa. Si pudo amarme sabiendo que no era perfecto, sabrá que esta vez es mi turno.

Tomo asiento para esperar.

CAPÍTULO 10

20

Nosotros, los de entonces,
ya no somos los mismos.
-Pablo Neruda

20

Ya han pasado 30 minutos desde que me senté a esperar en la banca. Trato de evadir pensamientos pesimistas y tener la mente en orden. Después de haber vivido la experiencia de ver quemándose el departamento, he tenido episodios de crisis de ansiedad, que consisten en ráfagas de pensamientos destructivos. Un acontecimiento pudiera provocar un ciclón de ideas desfavorecedoras, acompañadas de sensaciones corporales molestas. La base de este padecimiento es el estrés postraumático que viví después de aquel suceso.

Hago algunas respiraciones profundas para tratar de tranquilizarme.

—Si algunaaa veeez vuelves te prometo que sabré qué hacer — Comienzo a cantar y tararear—. Y cóóómo hacer para quererteee...

Ya falta menos para que oscurezca, no quiero seguir sentado perdiendo el tiempo, así que decido entrar en acción y levantarme para ir a tocar el timbre. En este tiempo de distanciamiento, perdí por completo los horarios de su rutina. Por eso sabía que tenía que esperar para verle llegar o tocar para preguntar si está ahí.

Me levanto de la banca muy despacio, al mismo tiempo, aprieto de nuevo el tulipán. Mis manos se ponen frías de pensar en lo impactante que será este encuentro. Quiero verle, seguro de eso estoy, pero me da tanta pena. A veces creo que esto es un acto desesperado por aliviar mi culpa. Estoy tranquilo por su quietud y la perfección de su actuar, sin embargo, le extraño, y todo este tiempo le he extrañado. Doy un paso muy firme, doy otros dos y bajo de la banqueta, continúo hasta llegar a la mitad de la cuadra. Me detengo en *ipso facto.*

—No puedo. —Sentencio.

Quedo pasmado por unas milésimas de segundo, pensando que es por mis limitaciones, sé que es esa falta de voluntad, esa voz que alguna vez callaron y que en estos momentos reluce, brilla cuando menos lo necesito. Por el contrario, hago evidente que estos años han pulido mi educación emocional. Retomo el control de la situación.

Mientras estoy parado ahí, me percato de que no hay ningún carro, así que deduzco que, posiblemente, no haya alguien en la casa. Camino de regreso a la banca.

Abro la aplicación del correo para buscar el último que me envió. Quiero asegurarme de que lo que me motiva y me aferra a estar aquí son sus palabras. Leo detenidamente todo el escrito. Me detengo en ciertos enunciados que se han vuelto significativos.

Te dejo. Aunque no lo entiendas, aunque duela, aunque cueste, te dejo. Parte de mí se queda aquí.

¿En verdad le dolió dejarme? ¿A quién le está costando más? ¿A mí? ¿Cómo es que pasa? Hay ciertas maneras en las que evadimos situaciones que están ahí, que no las vemos, que se ocultan, pero siguen estando ahí. Por ejemplo, hoy estaba en la terraza del departamento y, observando las casas de la siguiente cuadra, me percaté de que hay otros departamentos en renta, quizá todo este tiempo han estado ahí, jamás presté atención a ese detalle. Esto, en consecuencia, hace confirmar lo que dice en su escrito.

Has estado tan ensimismado que te has olvidado de lo nuestro.

20

Efectivamente, me olvidé de lo que estaba viviendo, que mi presente era lo que teníamos, lo que estábamos construyendo juntos. No lo miré, en mi mente aconteció en el pasado y no tuve la suficiente conciencia para darme cuenta. Algunos psicólogos comentan que, evidentemente, en nuestra mente, no hay reconocimiento exacto del tiempo, ya que hay proyecciones de nuestras emociones que son, con certeza, disturbios que sucedieron tiempo atrás o ilusiones propias del futuro. Todo acontece en un mismo espacio, en nuestro cerebro, que, sin elección propia, entramos a esas puertas a las que denominamos, presente, pasado y futuro, distorsionando de vez en cuando la realidad del presente.

Para corresponder a todos aquellos poemas que alguna vez escribió en mi nombre, decido responder escribiendo algunas líneas.

Respetaré siempre tus decisiones,
a veces siento que es mejor dejarte seguir.
No encuentro paz en esto.

Te llevé a un punto inconcebible
por no respetar lo que soy
y lo que tengo para ofrecerte.

Extraño esa singularidad con la que
te aferraste a mí.
Yo lo hago a destiempo
y, en algún momento de mi pensar,
sugiero que es mejor olvidarte.

Me has enseñado a amarte
de varias formas y ahora sé
que no me alcanzó,
no tuve lo suficiente para que te quedaras.

Quisiese pensar que no fue por mí.
Te extraño, pedazo de ser cambiante.
Mi juventud, intelectual...

Mis manos tiemblan y no puedo seguir escribiendo, lo envío. Agacho mi cabeza para limpiar mi rostro del sudor. Voy de nuevo a la aplicación del correo, busco el último mensaje de nuevo y leo la última parte.

Por favor, ya no me busques, aunque te ame.

No sé si aún me ame, tal vez ya no lo haga por el tiempo que ha pasado. El amor, en nuestra construcción social, son esas acciones que realizamos día a día, esas conversaciones difíciles que tenemos con el otro para llegar al acuerdo más entero y, sobre todo, es la conexión más auténtica, es la magia que se siente en el estómago. Es eso que trasciende el tiempo, el espacio y quizá todo. El amor, o más bien, mi amor, es esta pérdida de egoísmo para reconocer que la otra persona existe, existe en mí, atendiendo con esa actitud de servicio que genera y aviva este ciclo cambiante de vida. Aunque sea más certero sentir hambre, estoy dispuesto a arriesgarme para saber si aún desea amarme.

Escucho los columpios del parque rechinando, hay niños en los juegos revoloteando, entre gritos y carcajadas, veo que se divierten. Añoro tanto volver a estar ahí, sin preocupaciones ni responsabilidades. Hacen falta unos 20 minutos para que anochezca. Considero que ese es mi límite, hasta que se acabe la tarde para irme y abortar la misión.

Al instante de voltear hacia atrás para ver a los niños, escucho la puerta eléctrica de su casa abriéndose, volteo inmediatamente para asegurarme de que sea así.

—¡Sabía que llegarías! —afirmo sorprendido al ver que ya maneja.

Me viste sentado y te confundiste un poco al verme ahí, bajas del carro y caminas hacia la banqueta para asegurarte de que fuese yo.

Me levanto lentamente, mis manos sudan, constantemente las limpio en mi pantalón. Me hubiera gustado que mi cuerpo reaccionara con salir corriendo y abrazarte, para dar realce a la intensidad que percibo. Por el contrario, quedo casi pasmado. El momento que más había esperado se hace realidad.

Caminas sobre la calle para llegar a donde estoy. Es tan fría la sensación, hace un año te sentía tan cerca a mí, que encontraba nuestro espacio tan acogedor, ahora se siente un vacío enorme. Antes de llegar, rompes el silencio.

—Mmm, hola. —Articulas.

—Ho... —me detengo para recapitular—. Espera. —Digo rápidamente—. Sé que me pediste que no te buscara, perdón. Solo necesito que me escuches.

Encoges los hombros y asientes con la cabeza en señal de que lo harás, así que no me detienes. Pasan algunos segundos.

—No sabía dónde estaba... sé que la regué... descubrí que... —Enuncio con voz quebradiza, titubeando—. Vengo a tratar de aclarar esto. —Digo con más templanza.

Extiendes tu mano para tratar de callarme, pero sientes tanto asombro por verme aquí que prefieres oírme.

—Solo escúchame. —Interrumpo de nuevo y comienzo a hablar desesperadamente—. No quiero perderte a ti. Últimamente he perdido todo lo que había conseguido, perdí a mi papá, perdí mi ego. Siento que te necesito...

Miro hacia ambos lados para evitar las lágrimas, pensando en verme fuerte. Te quedas en asombro, intentando hablar.

—Te traje tu flor favorita. —Levanto la mano para dártela—. Sé que esto no cambia nada, fui grosero, no supe aceptar tu amor. Siempre me amaste con lo que tenías y podías... yo... yo... te amo.

Mis lágrimas caen sin sollozos. Solo lágrimas cargadas de dolor, con ese vacío estomacal que lo hace aún más profundo. Me siento perdido y tomo asiento de nuevo en la banca. A veces decir «te amo» es más complicado de lo que parece. En mi pensar, sé que no espero la misma respuesta, mi alma está más tranquila ahora que lo sabe.

—¡Paraaaaaaa! —respondes con firmeza, viéndome fijamente a los ojos.

Precisamente es lo que siempre me ha gustado de él, la sensatez y la madurez con la que se expresa.

—¿Me amas con mis berrinches infantiles y mi manera de escapar de ti, aun cuando mi edad sea relevante y no tenga el mismo dinero? —preguntas con gran esmero, tomando mi mano fuertemente.

20

—Sí, aun cuando no sepas qué hacer conmigo, te amo.

Silencio oportuno.

—¿Pero qué haces, Leo? —replico al viento.

El perder me ha llevado a sentir que no merecía lo que alguna vez tuve. Entonces me replanteo qué es perder. Considero que, como lingüista, entender el concepto será el parteaguas para poder concluir con esto.

Me doy el tiempo para buscar el concepto directamente de la Real Academia Española.

«Perder: dejar de tener, o no hallar, aquello que se poseía».

Perder no es más que regresar al universo lo que te ha prestado. El presente es solo un presente, un regalo, que la misma vida nos da. Mi padre decía que organizara. Ahora entiendo que el tiempo se organiza en momentos, y esos momentos no acontecen juntos, están separados.

Lo único que encuentro en este momento, en esta banca, en este país, en este mundo, en este universo, soy yo. Con mis pensamientos, mi voz y mi cuerpo, con mis vivencias, mis aprendizajes y mi conocimiento. Estoy aquí y estoy vivo. Ahora entiendo cómo todo es un préstamo cósmico que corresponde a esa parte del tiempo llamada presente.

Es mío, esto es mío. Así como el amor que sentí por el pequeño. Es un joven que me enseñó a amarlo de distintas formas. Acertó al dejarme. Tenía que hacerlo, era una decisión que le correspondía a él. Fui parte de su historia, así como él forma parte de la mía.

Escucho la puerta eléctrica de la cochera de su casa. Hay un carro afuera, esperando para que abra completamente.

Mientras esto sucede, abre la ventana para mirar y constatar que fuera yo. No se detiene y entra. Sale del vehículo con el rostro cabizbajo, camina lentamente hacia la banqueta de su casa.

Nuestras miradas se clavan por unos segundos, no miro ninguna expresión en su rostro. Agacha un instante la mirada y se frota la nariz con el dedo pulgar. Sé que está tomando una decisión. Con regularidad observé que, al hacerlo, tendía a hacer los mismos movimientos. Voltea hacia atrás para comprobar que no haya alguien. Regresa su mirada hacia mí, cierra los ojos y expresa un «no» con el movimiento de su cabeza. Se da la vuelta y acciona el control para cerrar la puerta de la cochera.

Esta acción no duele tanto como pensé que pasaría. Incluso, el sentimiento hacia él cambió al verle. Agradecimiento le llamo, por coincidir en tiempo y espacio. La culpa la dirijo a ese yo de la habitación, que ya no existe.

Pongo el tulipán en la banca, me iré porque ya es tiempo. Dejo aquí, con esta flor, eso que dicen que es mi corazón, yo lo llamo mi pasado, mis recuerdos con él. Dejo mis ganas de amarle y mi arrepentimiento. Le dejo volar porque es su derecho. Y me voy porque así tiene que ser.

En ocasiones morimos un poco para seguir. Siempre pierdes un poco para continuar.

Camino sin voltear atrás. Porque cuando lo pierdes todo, no pasa nada. Solo continúas.

BIOGRAFÍA

Jp Albert nació en una de las ciudades más calurosa del mundo: Mexicali, Baja California, México, en abril de 1994. Estudió Docencia de la Lengua y Literatura, por su gran pasión por la enseñanza y las letras. Desde su adolescencia se ha dedicado a las artes, incursionando, principalmente, en el mundo de la poesía, en la danza folclórica, en el teatro y en la narración de cuentos e historias. En su escritura siempre ha procurado transmitir emociones provocadas por situaciones cotidianas. Actualmente, trabaja como docente de Español en diferentes escuelas secundarias y como terapeuta de aprendizaje, por las tardes, a la par, práctica danza como otra de sus grandes pasiones y en sus ratos libres escribe poemas de anécdotas vividas o imagina relatos fantásticos donde el amor no lo mueve del todo... sino el hambre.

Made in the USA
Columbia, SC
09 December 2024

47729372R00071